AMAR
y ser
AMADO

AMAR
y ser
AMADO

UN RETRATO PERSONAL
DE LA MADRE TERESA

JIM TOWEY

ORIGEN

Título original: *To Love and Be Loved. A personal portrait of Mother Teresa.*

Primera edición: septiembre de 2022

Traducción al español © 2022 Penguin Random House Grupo Editorial
To Love and Be Loved
© 2022, Harry James Towey II
Todos los derechos reservados
Publicado en acuerdo con la editorial original, Simon & Schuster, Inc.
© 2022, Penguin Random House Grupo Editorial USA, LLC
8950 SW 74th Court, Suite 2010
Miami, FL 33156

Traducción: María José Agostinelli
Imagen de cubierta: Michael Collopy
Diseño de cubierta: Adaptación de PRHGE del diseño original de Jackie Seow
Créditos de las fotografías del cuadernillo: Trinity Mirror/Mirrorpix/Alamy Stock Photo;
Mary Ellen Mark/The Mary Ellen Mark Foundation; Tim Graham/Hulton Archive via Getty Images;
Francois Lochon/Gamma-Rapho via Getty Images; Ira Wyman/Sygma via Getty
Images; Tim Graham/Tim Graham Photo Library via Getty Images; Cortesía de
Prasad Photography Newport Beach; Cortesía de Prasad Photography Newport
Beach; Cortesía de Michael Collopy; New York Daily News Archive/New York Daily
News via Getty Images; Marc Deville/Gamma-Rapho via Getty Images; Hiroki
Ogawa (Creative Commons License); Cortesía de Michael Collopy

A menos que se indique lo contrario, todas las citas bíblicas fueron tomadas
de El libro del Pueblo de Dios, 1990, Archivos del Vaticano.

Impreso en México - *Printed in Mexico*

ISBN: 978-1-64473-665-4

ORIGEN es una marca registrada de Penguin Random House Grupo Editorial

22 23 24 25   10 9 8 7 6 5 4 3 2 1

En honor a María, la Madre de Dios

Entonces el Rey dirá a los que tenga a
su derecha: *Vengan, benditos de mi Padre,*
y reciban en herencia el Reino que les fue
preparado desde el comienzo del mundo,
porque tuve hambre, y ustedes me dieron de
comer; tuve sed, y me dieron de beber; estaba
de paso, y me alojaron; desnudo, y me vistieron;
enfermo, y me visitaron; preso, y me vinieron
a ver. Los justos le responderán: *Señor,*
¿cuándo te vimos hambriento, y te dimos de
comer; sediento, y te dimos de beber? ¿Cuándo
te vimos de paso, y te alojamos; desnudo, y te
vestimos? ¿Cuándo te vimos enfermo o preso,
y fuimos a verte? Y el Rey les responderá: *Les*
aseguro que cada vez que lo hicieron con el más
pequeño de mis hermanos, lo hicieron conmigo.

MATEO 25, 34-40

ÍNDICE

La Madre que yo conocí

Si no se vive para los demás, la vida carece de sentido.

—MADRE TERESA

13 de septiembre de 1997

Eran las dos de la mañana cuando llegué a la Iglesia Santo Tomás, en Calcuta, el día del funeral nacional de la Madre Teresa. Yo había arribado unas horas antes con otros miembros de la delegación oficial de EE. UU., presidida por la primera dama, Hillary Clinton. Los otros delegados se habían retirado para dormir un poco, pero dos Misioneras de la Caridad (MC) que habían volado con nosotros fueron directo a la Casa Madre para unirse a los cientos de otras hermanas que habían venido a la ciudad.

Reinas, presidentes, dignatarios y celebridades de todo el mundo habían viajado para asistir al servicio fúnebre, incluyendo los presentadores de las tres cadenas televisivas más importantes de Norteamérica y CNN (las mismas agencias de prensa que habían cubierto el funeral de la Princesa Diana una semana antes). Cada hotel de lujo de la ciudad estaba lleno al tope. La delegación de EE. UU. se dividió entre los dos más finos —el Oberoi y el Taj Bengal—, pero yo no tenía intenciones de dormir. Quería estar tan cerca de la Madre como fuera posible.

Incluso a esa hora tan temprana, había una multitud dando vueltas afuera de la vieja iglesia de ciento cincuenta años, y docenas de hermanas conversaban por lo bajo cerca de la entrada. La Madre yacía en la capilla ardiente, envuelta en una bandera india, por el término de una semana, y cientos de miles de personas desfilaron junto a su cuerpo. Ella iría a su destino final de descanso en la misma carroza que había transportado el cuerpo de Mahatma Gandhi en 1948. El personal militar y la policía de la ciudad estaban preparados, aunque las hermanas estaban haciendo un buen trabajo protegiendo a la Madre. Entré al santuario de la iglesia y divisé a un buen número de ellas guardando vigilia, y me uní. Había muy pocos ojos secos en ese santuario.

El cuerpo de la Madre Teresa se veía muy bien preservado. El equipo de embalsamadores de Bombay, que había llegado a Calcuta inmediatamente después del deceso, podía sentirse orgulloso. *Sus esfuerzos se vieron asistidos por seis aires acondicionados que habían instalado a toda velocidad y que luchaban para vencer al intenso calor subtropical. Aun así, su rostro estaba de algún modo pálido, y sus manos y pies lucían un poco descoloridos.*[1]

Su tez más oscura le hacía parecer india. Estaba vestida con su sari típico y su rosario —el que en tiempos pasados intercambiaba con el mío cuando orábamos en algún viaje— que asomaba de sus manos entrelazadas y reposadas sobre su estómago. Su cuerpo parecía sagrado. La noche en que la Madre murió, la hermana Gertrude había tomado cuidadosamente los viales de sangre de la Madre para preservarlos como reliquias. (Más tarde me entregaron uno de esos a mí). Una hermana me había dado varias medallas cuando llegué por primera vez al pie del cajón de la Madre. Yo las tomé, junto con mi rosario, y acaricié con ellas sus pies descalzos. Ahora, arrodillado ante su cuerpo, podía llorar su muerte con libertad, y así lo hice. Pero no eran lágrimas de tristeza; estaba envuelto en gratitud a Dios y a esta mujer que me había brindado tanto gozo.

Así como el calendario romano se separa en dos eras, antes y después del nacimiento de Cristo, también mi vida puede dividirse en dos períodos diferentes: antes y después de la Madre. Haberla conocido no solo moldeó mi forma de pensar y de actuar, sino que en definitiva determinó cada elección importante que tomé, desde los empleos que acepté hasta la mujer con la que me casé, la casa en donde viví, y la forma en que paso mis días. Conocí a la Madre durante los últimos veinte años de su vida, desde 1985 hasta su muerte en 1997. Yo fui su abogado y el consejero legal de las Misioneras de la Caridad (y continúo siéndolo). Pero más importante que eso, fui su amigo, y la Madre fue mi amiga. Ella me guio en asuntos grandes y pequeños, y me permitió ayudarla en lo que podía. Me enseñó que los momentos cotidianos nos brindan las mayores oportunidades de servir a Dios haciendo "pequeñas cosas con mucho amor". No es exagerado decir que ella me enseñó a vivir y a amar.

¡Tantos recuerdos vinieron a mi mente mientras estaba arrodillado a los pies de la Madre en la Iglesia Santo Tomás! Toda la alegría que he vivido con mi esposa e hijos se puede remontar a ese afortunado día de 1985, cuando la Madre me dio la bienvenida a Calcuta y me envió a Kalighat, su hogar para los enfermos terminales. Ella me llevó a Jesús, no al concepto de Jesús, la figura histórica de hace veinte siglos, sino al Dios vivo al cual podía acceder por medio de la fe.

Pensé también en todos los amigos que pude hacer gracias a ella. Muchas de las personas que más aprecio las conocí porque eran cercanas a la Madre: Sandy McMurtrie, por ejemplo, y el cineasta Jan Petrie. Naresh y Sunita Kumar, la pareja de Calcuta que eran como la familia de la Madre, se había convertido también en una familia para mí. Pensé en muchas de las Misioneras de la Caridad (MC) que había llegado a conocer y amar con el correr de los años, así como en los Padres MC con quien había vivido en Tijuana, y que eran mis hermanos en la vida.

Pero, sobre todo, pensé en los "más pobres entre los pobres", desde los hombres y mujeres moribundos que llegué a conocer en el hogar Regalo de Paz (*Gift of Peace* en inglés), para enfermos con sida, a los que frecuentaban los comedores comunitarios en la ciudad, y de quienes conseguí hacerme amigo. La Madre se refería a los más necesitados como "Jesús en su angustiante disfraz de pobre". Ella basaba su creencia en la presencia real de Dios en la persona del pobre, conforme las enseñanzas de Jesús registradas en el evangelio de Mateo:

> *Porque tuve hambre, y ustedes me dieron de comer; tuve sed, y me dieron de beber…; [estaba] enfermo, y me visitaron; preso, y me vinieron a ver… Les aseguro que cada vez que lo hicieron con el más pequeño de mis hermanos, lo hicieron conmigo.*[2]

Este pasaje fue central en la misión de las Misioneras de Caridad, y la Madre enseñaba a vivir las palabras "por mí lo hicieron" en casi todos los discursos públicos o privados que le escuché dar. Su fe demostraba que ella interactuaba con

Dios cuando ayudaba a los pobres, que es la razón por la que se diferenciaba el trabajo que ella y las hermanas hacían de acción social. Una vez dijo en una entrevista: *El trabajo es solo la expresión de amor que tenemos para Dios. Tenemos que derramar nuestro amor sobre alguien. Y las personas son nuestro medio para expresar ese amor.*

Mis relaciones con las personas a las que las Misioneras de la Caridad servían tenían las huellas de la Madre Teresa. No hay chance de que yo alguna vez las conociera si no hubiera sido por la invitación de la Madre a alcanzar a "Jesús en su angustiante disfraz de pobre", cosa que, gradual y lentamente, comencé a comprender.

Los recuerdos de ellos constituyen algunas de las pruebas más gráficas para mí de la amorosa presencia de Dios en el mundo, del mar de misericordia que envuelve a los dispuestos e indispuestos por igual y de mi deuda con la Madre Teresa por haber cambiado por completo el curso de mi vida. Esta comprensión descendió sobre mí en olas de gratitud ese día en la Iglesia Santo Tomás, pero también de tristeza. Ella se había marchado para siempre; ya no habría más llamadas telefónicas o viajes en avión.

Mientras oraba en las primeras horas de ese 13 de septiembre, me perseguía la simple pregunta que me había estado dando vueltas por algún tiempo: ¿por qué yo? ¿Cómo fue que llegué a tener esa relación privilegiada con la Madre Teresa? Ciertamente no me la merecía. El día en que la conocí supe lo pecador que era, y cómo me sentí en Kalighat, ayudando a un enfermo no por un buen propósito, sino porque era demasiado orgulloso como para reconocer ante la hermana que estaba a cargo que, en realidad, no quería ni tocarlo. Y todavía sigo siendo ese pecador. Entonces, ¿por qué yo? No tuve respuestas esa noche, pero ahora sí las tengo.

Creo que Dios me dio a la Madre Teresa por tres razones. Primero, porque la necesitaba con desesperación. Yo era un pecador que amaba los placeres terrenales y que podría haber pasado estos últimos treinta y cinco años siendo indulgente conmigo mismo, de no haber sido por la Madre y las gracias de lo alto que ella me reveló. Mi vida carecía de propósito, y ella me acogió. Su amor y bondad durante esos primeros años me ayudaron a reconocer mi propio quebranto y necesidad de Dios, y su toque sanador. En un sentido, ella me devolvió la vida. Me enseñó a orar, a amar la palabra de Dios y a frecuentar los sacramentos de la Iglesia, porque sabía que, si no lo hacía, me perdería nuevamente.

Y ella me entregó las Misioneras de la Caridad, los pobres de los que ellas cuidaban y la maravillosa gente que servía como voluntaria, para que yo estuviera en buena compañía y no me desviara. El amor de la Madre me reveló mi vocación; su corazón maternal me ayudó a abrazarla. Y esta es la segunda razón por la que Dios trajo a la Madre a mi vida: para poder ayudar a las MC una vez que ella se hubiera ido. Guardé la promesa que le hice cuando la visité en el hospital y la guardaré hasta que mis servicios ya no sean necesarios o valiosos.

Finalmente, estoy convencido de que mis experiencias con la Madre y mis observaciones de los últimos doce años de su vida tenían como fin ayudar a otros. Las lecciones que aprendí de ella sobre vivir, amar y envejecer, y cómo acercarse a Dios, merecen ser compartidas.

La gente necesita conocer a la Madre que yo conocí.

Este libro es la historia de la Madre Teresa que yo observé y estudié durante los últimos doce años de su vida. Muchas otras personas fueron cercanas a ella, especialmente los miembros de su familia de Misioneros de la Caridad. Y yo soy particularmente consciente de que registrar mi relación con la Madre pueda parecer como si yo estuviera explotando nuestra amistad (que conste, yo no tendré rédito económico por este libro; las regalías serán donadas a las hermanas, sacerdotes y otras obras de caridad alineadas a su obra). Mi propósito al escribir este volumen es mostrarla tal como yo la conocí, no como una santa de plástico, perfecta, que de manera inevitable viene a la mente de algunas personas, sino como una persona real que tenía amigos, le gustaba el chocolate, hacía bromas y, ocasionalmente, se enojaba. Ver su humanidad, con toda la dulzura y fragilidad que eso conlleva, hace su vida y obra mucho más extraordinaria.

He guardado los diarios personales de toda mi vida, y tomé abundantes notas durante mis años de amistad con la Madre. Quería recordar y ser capaz de contarle a mis hijos mi experiencia. También conservo cajas de correspondencia y otro material que surge de mi representación legal de ella (el Centro Madre Teresa, la organización de las Misioneras de la Caridad, encargadas de promover y proteger su legado, me concedieron permiso para divulgar esta información). Las historias contenidas aquí están basadas en esos diarios y archivos, así como también las horas de entrevistas que conduje con sus amigos y hermanas, especialmente los que estuvieron con ella en la fundación de las Misioneras de la Caridad.

Han pasado veinticinco años desde que la Madre nos dejó, y este libro tiene la intención de ser un testigo de la persona que ella fue. Espero que captes el sentido de lo que significa haber sido amigo de una santa viviente, cómo me enseñó la humildad y a veces me desafió —otras veces me frustró—, lo que fue estar en presencia de alguien tan enamorada de Dios. Ella era una mujer santa y la más tierna de las madres, y fue la mayor bendición de mi vida conocerla y servir junto con ella.

CAPÍTULO 1

Calcuta

*Los pobres son la esperanza y la salvación de
la humanidad.*

—MADRE TERESA

L a manera más simple de entender a la Madre Teresa es
a través de Calcuta. El siglo xx fue un siglo de mucha
agitación política en la vasta metrópolis india, plagado de
inundaciones, hambre y numerosas crisis de refugiados. Durante la primera década de la Madre en la ciudad, la población casi se duplicó; para el tiempo en que falleció, en 1997,
casi se había vuelto a duplicar.[3] Calcuta ha avanzado mucho
en los últimos veinticinco años, pero millones de personas
aún viven en la pobreza, sin el alimento o el cuidado médico
necesarios, en condiciones sanitarias inimaginables para la
mayoría de los norteamericanos.

Donde otros vieron mugre, miseria y carencias, la Madre Teresa vio hijos de Dios, creados a su imagen. Ella vio
dignidad —algo precioso— en cada uno de ellos. Incluso en
la parte más pobre de Calcuta, pudo reconocer el anhelo de
ser amados. La necesidad desesperada de la ciudad hizo de la
Madre Teresa lo que ella fue. Sus niños abandonados y sus
leprosos pedían ayuda, y ella fue una madre para todos ellos.

Calcuta, con todo su sufrimiento, fue su hogar espiritual, el lugar donde ella creó algo bello para Dios.

Yo tenía veintiocho años, era abogado y asesor sénior del senador de Oregón, Mark Hatfield, cuando conocí a la Madre Teresa. Mi jefe era presidente del Comité de Asignación de Recursos del Senado, y una posición tan influyente brinda algunos beneficios al equipo. Durante el receso de verano de 1985 fui enviado a una misión de reconocimiento a Malasia, Hong Kong y la frontera tailandesa-camboyana. Hatfield había sido el único senador que votó contra la acción militar de EE. UU. en Vietnam y, luego que la guerra finalizó, lideró el tema de la protección y reubicación de los refugiados en el Congreso. Él sentía que nuestro país tenía una deuda moral con aquellos que habían sufrido persecución por ayudar al ejército norteamericano. Yo fui enviado a visitar los campos de refugiados indochinos, donde estábamos procesando miles de peticiones de reasentamiento y gastando cientos de millones de dólares.

Hatfield era un bautista del sur muy devoto y había sido amigo de la Madre Teresa desde inicios de la década de 1970, mucho antes de que se hiciera famosa. Ella había visitado su oficina en el Capitolio justo antes de que yo empezara a trabajar allí. Dado que mis asuntos oficiales se desarrollaban en su vecindario, no fue difícil acordar una reunión en Calcuta, y mi jefe hizo las presentaciones necesarias.

Al igual que todos, la conocía como una mujer santa que vivía entre los pobres, ayudando a las personas desesperadas que pocos se molestaban en observar. El Papa Juan Pablo II, a quien admiré grandemente, se había interesado especialmente en su obra, y a menudo se tomaba fotografías junto a ella. Además, yo tenía unos amigos en Washington, Jan y Randy Sterns, que habían adoptado un niño del orfanato de la Madre Teresa en la India. Natasha Gabriela era una niña enérgica y alegre, y verla era rememorar el trabajo de la Madre Teresa. Por recomendación de Jan, leí el libro de Malcolm Muggeridge sobre ella, llamado *Something Beautiful for God* [Algo hermoso para Dios]. Muggeridge tenía una mirada un tanto cínica sobre la religión organizada —con la cual me identifico— de modo que su admiración por la Madre Teresa me resultaba aún más curiosa. La respuesta de este agnóstico a su estadía con ella fue conmovedora: *Para aquellos que nos resulta difícil captar con nuestra mente la grandiosa propuesta del amor de Cristo, alguien como la Madre Teresa es un regalo del cielo. Ella es este amor personificado; a través de ella podemos alcanzarlo, aferrarnos a él e incorporarlo en nuestra vida.* La Madre y su misión en la India claramente lo conmovieron en lo profundo.

Ansiaba decirle a la gente que había estado en Calcuta y había conocido a la Madre Teresa. Esa era la razón aparente de mi viaje de pasada. Pero, secretamente, yo esperaba que pudiera sanarme, como Jesús había sanado a los ciegos. A pesar de mi trabajo genial y mi amplio círculo de amigos, sentía que mi vida en Washington estaba vacía. Era todo lo contrario a lo que Muggeridge había escrito sobre la vida de esta nueva amiga: ella estaba llena de gozo, y vivía el evangelio cristiano y la fe católica con entusiasmo. Yo deseaba verla en persona y que ella pudiera reavivar mi vida espiritual y reencauzarme, tal como parecía que lo había hecho con Muggeridge.

Siempre me había considerado católico. La religión fue lo que me mantuvo a flote durante una niñez turbulenta. Mis padres se separaron cuando yo estaba en cuarto grado. Mi madre crio cinco hijos en Jacksonville, Florida, y se aseguró de que fueran a escuelas católicas y concurrieran a la misa dominical. Su fe sincera y su agradable piedad dejaron una fuerte marca en mí. Para el tiempo en que ingresé a la Universidad de Florida en 1974, ser católico e ir a la iglesia semanalmente tenía más que ver con buscar chicas que con tener una relación sincera con Dios. Aquellas enseñanzas de la Iglesia que me imponían demandas, sencillamente las ignoraba. Decía malas palabras si eso me hacía reír; me gustaba apostar, beber y tener placer sexual, y no tenía problemas en mentir para salir de algún apuro.

Todo sentido de pecado estaba apagado por mi familiaridad con él. Pascal lo describe muy bien: *Los pecadores lamen la tierra, es decir, aman los placeres terrenales.*[4] Y yo la había lamido. En la búsqueda de mis intereses egoístas había lastimado a personas que me amaban de manera genuina, incluyendo a mi novia de la universidad, cuyo corazón rompí al no casarme con ella. Era un católico cultural, cómodo, que tenía a Dios bajo sus órdenes. Bob Dylan cantó acerca de almas como la mía:

> *¿Te has preguntado alguna vez lo que Dios requiere?*
> *Piensas que Él es solo un niño recadero que satisface tus deseos vagabundos.*
> *¿Cuándo vas a despertar, cuándo vas a despertar?*
> *¿Cuándo vas a despertar y fortalecer las cosas que quedan?*[5]

Nueve meses antes de mi viaje al sudeste asiático, Dios me despertó. Mi amigo Jimmy se suicidó. Él era un verdadero contrincante: un alero de 6,6 pies (1,98 m) del equipo de básquet de la Universidad Estatal de Florida [FSU, por sus siglas en inglés], pero además un estudiante 4.0 de filosofía. Era amante de la literatura clásica y un católico practicante, y nos conectábamos bien a todo nivel. Éramos inseparables. Íbamos a las discos y a pubs, jugábamos golf y tenis, tomábamos sol en la playa y salíamos juntos con chicas. Éramos miembros de la misma fraternidad, vacacionábamos juntos e intentábamos superarnos el uno al otro con un humor excéntrico. Yo fui su padrino de bodas cuando se casó con su novia de la facultad. Un poco menos de cinco años más tarde, en un ataque de desesperación, se arrojó desde una pasarela sobre la Interestatal 95 en Lantana, Florida, sobre el tráfico con dirección al sur.

Yo le había fallado a mi amigo. Sabía que Jimmy estaba luchando; estaba bebiendo demasiado, y su última visita al D. C. había sido un desastre. Todo le resultaba oscuro y deprimente, desde su reciente divorcio a sus fallidos intentos por conseguir un empleo como entrenador principal de un equipo de básquet. Se encontraba sumido en una montaña rusa que no lo soltaría. En un momento estaba de rodillas clamando y pidiéndole ayuda a Dios y al siguiente volvía a obsesionarse con su exesposa y su carrera, que se estaba yendo a pique. Llegó a mi departamento en un caos y se fue a los pocos días en peores condiciones. Pero en vez de ir directo a Florida cuando Jimmy me llamó desesperado, despotricando incoherencias, una semana antes de suicidarse, me quedé en Washington. Y ahora lo había perdido para siempre. Me sentía perseguido por la culpa y mi fe fue sacudida. ¿Cómo un Dios amoroso pudo permitir que todo esto sucediera? ¿Dónde estaba Él cuando Jimmy sufría? ¿Por qué no me envió a rescatarlo?

En los meses posteriores a su muerte, me aboqué de lleno al trabajo. Oraba menos y bebía más. Cultivé un cinismo insidioso, que crecía alimentado por los falsos rituales sociales y las amistades mercenarias del Capitolio. Mi propia hipocresía me permitió identificarla enseguida en los demás. Por fuera yo debo haber parecido un hombre magnífico: exitoso en el trabajo, divertido para salir y aparentemente religioso. Hasta me aventuré a mentorear niños de zonas carenciadas una vez por semana, lo cual calmaba mi conciencia e impresionaba a la gente. Era el protector de los más débiles durante dos horas semanales. Engañaba a todos, pero no podía engañarme a mí mismo.

Este era el hombre que buscaba a la Madre Teresa en agosto de 1985. Ella estaba viviendo el evangelio y practicando la fe que me habían enseñado de niño. Tenía esperanzas de que, al conocerla, ella pudiera aliviar mi culpa respecto a Jimmy y guiarme a una vida más significativa. Pensé que podía llegar a decirme que me hiciera sacerdote. La mayoría de mis amigos estaban casándose, y como yo no tenía deseos de comprometerme con una mujer de por vida, me pregunté si acaso Dios quería que yo ingresara al seminario. Tales pensamientos demuestran lo perdido que estaba. Yo estaba buscando respuestas de manera desesperada, y cada vez me convencía más de que si tan solo pudiera estar con la Madre Teresa por un momento, ella podría dármelas.

Necesitaba ir a Calcuta.

Agnes Gonxha Bojaxhiu nació el 26 de agosto de 1910 en Skopje, al norte de Macedonia, que para entonces formaba parte del Imperio otomano. La pequeñita conocida por su segundo nombre, Gonxha (que significa 'capullo en flor'), se sentía atraída por las historias de misioneros desde temprana edad, y tenía tan solo dieciocho años cuando le informó a su madre que sentía el llamado de Dios para su vida. Deseaba ser misionera en la India "para ir y entregar la vida de Cristo a las personas". Eso requeriría gran coraje y sacrificio, pero ella poseía una fortaleza nacida de la tragedia.

Gonxha había crecido siendo una albanesa multicultural y católica en una comunidad mayormente musulmana y cristiana ortodoxa en el norte de la actual Macedonia. Su madre, Drana, era una mujer profundamente religiosa y muy disciplinada que bien se había ganado la reputación de cuidar a los pobres. Ella nunca les había vuelto la espalda a los necesitados, y a menudo les daba comida, explicándoles a sus hijos que los pobres también eran parte de su familia. El padre de Gonxha financiaba de buena gana tal generosidad. Nikola era un comerciante exitoso cuyas actividades comerciales lo llevaban hasta Egipto. También era un apasionado nacionalista albano, y estaba activo en el movimiento que exigía la independencia del gobierno turco. Ese pasatiempo no estaba exento de riesgos: la política en el Imperio otomano a fines de la Primera Guerra Mundial era muy volátil. En 1919 viajó a una cena de activistas políticos en Belgrado, donde fue envenenado. Cuando llegó a su casa gravemente enfermo, Gonxha, que tenía ocho años, fue enviada a buscar un sacerdote para administrarle la extremaunción a su padre agonizante. El religioso llegó a la casa de los Bojaxhiu justo a tiempo para ungir a Nikola antes de que lo llevaran al hospital, donde finalmente falleció.

Inmediatamente después de la muerte de Nikola, la familia se encontró con nada más que un techo sobre su cabeza, ya que todos los activos provenientes de los negocios del padre se los quedó su socio italiano. Solo la fortaleza y actitud emprendedora de Drana pudo sacar la familia adelante. Ella vendía sus bordados artesanales y otros materiales confeccionados en tela para proveer a la familia en sus necesidades, y proveer también a los pobres que continuaban golpeando a su puerta.

Después de muchas pérdidas, Gonxha supo que su elección sería una pesada cruz para su madre, pero la mujer le dio su bendición y le dijo: *Pon tus manos sobre las manos de Jesús y camina sola con Él. Camina sola hacia adelante, porque si miras hacia atrás, volverás.* Su hija nunca olvidaría su valor o sus consejos.

Gonxha lloraba mientras el tren dejaba atrás Skopje el 26 de septiembre de 1928. Su madre la acompañó hasta Zagreb, donde se dieron el último adiós. Nunca más se volverían a ver. Años más tarde, la Madre Teresa dijo que cuando le llegara el tiempo de morir y ser juzgada, sería medida por qué tan bien había honrado el sacrificio que su propia madre había hecho: *Mi madre me juzgará. Ella no aceptó mi partida. Pienso en ella cada vez que soy tentada, pienso en qué diría ella.*

Luego de una breve parada en París para entrevistarse con una monja de Loreto por recomendación de un sacerdote de Skopje, Gonxha arribó a la sede central de las Hermanas de Loreto en Dublín. El Instituto de la Santísima Virgen María, conocido como la Hermandad de Loreto, es una orden religiosa enfocada en la enseñanza y la evangelización. Gonxha se quedó en Irlanda por seis semanas para estudiar inglés, y el 1 de diciembre de 1928 inició su viaje de cinco semanas hasta India, donde las hermanas ya tenían una presencia de larga data.

Mientras se alejaba de su vida en Europa, compuso un poema llamado *Adiós*. Ella se describe a sí misma como "la pequeña prometida de Cristo" que viaja hacia la *cálida Bengala* y la *tórrida India*. La estrofa final nos da un indicio del alto precio que tuvo que pagar al dejar a todos sus seres amados para ir a una tierra desconocida:

Y pequeñas, puras como rocío estival,
fluían suavemente las cálidas lágrimas,

confirmando y consagrando,
el duro sacrificio, ahora ofrecido.[6]

Pasó la Navidad sin participar de la misa, ya que no había ningún sacerdote a bordo del barco, pero en el puerto de Sri Lanka uno abordó, e hizo que la celebración de Año Nuevo estuviera rodeada de oraciones. Gonxha puso sus pies en suelo indio en Madrás. Nada en su niñez la había preparado para el choque de lo que vio. Así registró sus primeras impresiones para la revista diocesana de su hogar:

Allí contó que muchas familias vivían en la calle, arrimadas a las murallas de la ciudad, incluso en lugares atestados de gente. Día y noche estaban a la intemperie, en colchones que habían hecho con grandes hojas de palmera o, muchas veces, directamente sobre el suelo. Andaban casi desnudos, si acaso cubiertos con un taparrabos andrajoso en el mejor de los casos. Andando por la calle se toparon con una familia que estaba reunida alrededor de un familiar fallecido, envuelto en unos harapos de color rojo, cubierto con flores amarillas, el rostro pintado con rayas de colores. La escena le resultó aterradora. Quiso que su gente viera eso, para que dejaran de quejarse de sus desgracias y agradecieran a Dios por haberlos bendecido con abundancia.

Llegó a Calcuta el 6 de enero de 1929, para la festividad del Día de los Reyes Magos, el día en que los cristianos celebran la universalidad del nacimiento de Cristo y su mensaje. Esta coincidencia era apropiada para la muchacha que se convertiría en la misionera más aclamada de la época.

Sus primeros años en la India los pasó en un convento en Darjeeling, en las laderas del Himalaya, donde estudió las Escrituras, teología y las enseñanzas católicas. Tomó sus primeros votos en mayo de 1931 y se convirtió en la hermana Teresa, nombre que eligió por Santa Teresa de Lisieux. Apodada "la pequeña flor", Santa Teresa tenía —según la Madre Teresa dijo después— una manera de *hacer cosas pequeñas con gran amor*, de manera que fue un modelo para su vida.

En 1932, la hermana Teresa fue enviada a la comunidad de Loreto en Calcuta, a un barrio llamado Entally, para enseñar en el Colegio Santa María. En una carta que envió a su casa, describía su indescriptible felicidad por estar en Calcuta. También compartía con sus amigos en Skopje sus impresiones sobre su nuevo hogar y el precio que estaba pagando en su misión de salvar las almas.

El calor de la India es sencillamente abrasador. Cuando camino me parece que hay fuego bajo mis pies, y que todo mi cuerpo está ardiendo. Cuando se pone más difícil, me consuelo pensando que de ese modo se salvan las almas, y que el querido Jesús ha sufrido mucho más por ellas. La vida de una misionera no está sembrada de rosas sino de espinas pero, así y todo, es una vida llena de felicidad y de alegría al pensar que estoy haciendo la misma obra que Jesús hizo cuando estuvo en la tierra, y que estoy cumpliendo el mandato de Jesús: "Vayan y enseñen a todas las naciones".[7]

Casi no se movió de Calcuta por los siguientes treinta años, solo ocasionalmente tuvo que viajar por la amplia región de Bengala. Pasó la mayor parte de su vida en esa ciudad, enseñando y sirviendo a los más pobres.

Calcuta no siempre es la escena de miseria y caos que se nos viene a la mente cuando pensamos en ella. Fundada en 1686, fue la orgullosa ciudad capital de la India británica y un floreciente centro comercial por dos siglos. Los británicos edificaron una ciudad al estilo occidental con edificios comerciales y gubernamentales, grandes casas, parques, largas avenidas, tranvías y servicios públicos. Pero en 1911 mudaron la capital a Nueva Delhi, y la influencia y el poder de Calcuta comenzó a decrecer. Para cuando la Madre Teresa llegó en 1929, la ciudad ya mostraba señales de deterioro. El proceso se vería acelerado en los siguientes años por conflictos religiosos, guerras y violencia social (y por una población en constante expansión). Una sucesión de inundaciones, hambrunas y migraciones de refugiados poco a poco colapsarían la infraestructura de la ciudad.

A pesar de esas calamidades, Calcuta seguía siendo un centro cultural vibrante en medio de las turbulencias propias del siglo xx, y de hecho continúa siendo el centro intelectual de la nación. Escritores, poetas, filósofos y maestros de la fe han hecho de Calcuta un hogar para los que tienen inclinaciones estéticas. Esta combinación de belleza y quebranto inspiró a la Madre Teresa, quien hizo de la ciudad su lienzo en blanco. Ella permitió que las necesidades alimentaran su compasión y el fuego de su fe cristiana. Sin los contrastes cautivantes de la ciudad en la cual trabajó —su cultura vibrante y la intensidad de su sufrimiento— nunca hubiera capturado la imaginación del mundo. Era como si los niños abandonados y los leprosos de la ciudad hicieran de ella una madre, y esa necesidad dio lugar a su heroica capacidad de servicio. Pero había límites para lo que ella podía hacer. Sus buenas intenciones siempre eran superadas por la magnitud de la necesidad que agobiaba a la ciudad, una necesidad que nunca se saciaría.

Yo temía que en mi deseo de ver a la Madre Teresa, también me sintiera abrumado. La Madre y sus hermanas habían trabajado por más de treinta y cinco años para alcanzar a los desposeídos, pero su abanico de programas no lograba lo suficiente. Ella describía su obra como *una gota de agua en el océano*.[8] Sencillamente no hay manera de ir a Calcuta y no exponerse a los sintecho, los mendigos y los pobres más miserables. Yo tenía temor de hundirme en las arenas movedizas de la lamentable pobreza de la ciudad, y planeé hacer una parada de cinco días en Hawái al regreso de la India, como una recompensa por mi valor.

Mi vuelo procedente de Bangkok aterrizó en Calcuta al amanecer. Retiré mis maletas y, todavía en el aeropuerto, me vi envuelto en todo lo que temía: niños descalzos pidiendo dinero, madres vestidas con harapos con bebés colgando y extendiendo su mano, hombres enjutos queriendo manotear mi equipaje, vacas paseando por la terminal y, lo peor de todo, ninguna señal de mi itinerario por parte del consulado de EE. UU.

Afuera de la terminal se ponía peor. En cada dirección en la que miraba había cuerpos, jóvenes y viejos, tendidos sobre el pavimento y el polvo. Incluso a esa temprana hora el clima estaba sofocante y bullicioso. La gente gritaba, los policías hacían sonar sus silbatos, las aves hurgaban los desechos esparcidos por todos lados en busca de comida. Había un incesante sonido de bocina de los taxis, mientras se abrían paso entre los bicitaxis, ciclistas y hombres descalzos que empujaban carretillas. A todo esto, hay que agregarle el olor nauseabundo de las aguas servidas y la quema de basura, y ya puedes imaginar ese cuadro infernal. El panorama de agonía era abrumador para un congresista empleado de clase media. Sentía que podía desprenderme de la faz de la tierra en cualquier momento y nunca más ser hallado. No tenía chofer, no llevaba ni una rupia, no hablaba bengalí y no tenía amigos; solo me lamentaba de haber venido a este lugar.

Mientras buscaba mi viaje, los niños de la calle me rodearon, haciendo gestos con su boca para significar que tenían hambre. Me llamaban "tío, tío" y repetían la única palabra en inglés que parecían conocer, "dinero", a veces incluso hurgando en los bolsillos de mi pantalón. Hacer contacto visual los agitaba más, así que yo intentaba mirar por encima de ellos mientras apartaba sus mugrientas manos y seguía caminando.

Cuando entendí que ningún funcionario del consulado vendría a sacarme de allí, me marché, con las maletas bien agarradas, hacia la zona donde los taxis se encontraban alineados. Con un falso dejo de confianza, escogí un chofer al azar y cargué mi equipaje en el baúl de su antiguo modelo Ambassador.

Me llevé un chasco. Minutos después de partir, el auto se averió. Logró llegar hasta una parada en la polvorienta carretera y quedó junto a la ruta de quince millas (25 km) desde el aeropuerto a la ciudad. El conductor estaba enojado y murmuró algunas palabras que tenían el inconfundible sonido del insulto, que yo acompañé en inglés. Enseguida me encontré con ambas manos en la parte trasera del vehículo, empujando y rezando que algún movimiento lo hiciera arrancar. Me di cuenta de que, si lo lográbamos, el chofer podía marcharse con mi equipaje, lo cual, a ese punto, parecía la combinación perfecta para todo lo que había sucedido en la mañana.

Pero finalmente el auto carraspeó un poco y volvió a la vida, así que me incorporé de un salto y nos dirigimos al sur de la ciudad. Desde la gran nube de polvo en el asiento trasero grité: "Al Hotel New Kenilworth, en la calle Little Russell", una y otra vez, esperando que el volumen y la repetición pudieran franquear la barrera del idioma. El conductor encontró el hotel, pero mi billete de veinte dólares no le servía. El recepcionista del hotel me permitió cambiar algo de dinero estadounidense para poder pagarle como correspondía, y así poner fin a mi odisea desde el aeropuerto al hotel.

El Hotel Kenilworth era antiguo, y mi habitación solo poseía un ventilador para resolver la humedad y el calor. Como no tendría entrevista en las oficinas centrales de las Misioneras de la Caridad hasta el día siguiente, debía hacer algo por mi cuenta. Decidí salir a caminar por el vecindario antes de que comenzara la lluvia vespertina. Sabía que esto me expondría a más mendigos y suciedad, pero habiendo notado en el aeropuerto mi capacidad para ignorar el sufrimiento humano, pensé que podría manejarlo. Quería experimentar el sentir de las calles, como lo había hecho en Bruselas y en Bangkok.

Pero esta aventura fue tan desafortunada como mi arribo. No había marcas viales ni señales de tránsito, casi ninguna señalización estaba en inglés y no podía entender una sola palabra de lo que la gente decía. Me perdí a los pocos minutos.

Tratar de desandar mis pasos solo empeoró la situación. Deambulé por horas, con toda mi ropa transpirada. Las tiendas, una igual que la otra, las casas destartaladas, las chozas abarrotadas y la señal del gobierno comunista —el martillo y la hoz— formaban un laberinto de esquinas y pasillos casi idénticos. Los niños, con sus risotadas, corrían y jugaban, inconscientes del sórdido ambiente que los rodeaba. Unos hombres envueltos en el tradicional *dhoti* indio se bañaban en una fuente de agua corriente. Otros se cepillaban los dientes junto al cordón de la vereda o cocinaban su comida sobre carbón a escasos metros de donde estaba la basura en descomposición.

Lo que más impresión me causó fue que todos parecían estar muy ocupados. No había la típica ociosidad que se ve en los barrios pobres de los Estados Unidos, pero sí otras cosas que no se ven allí: perros tristemente raquíticos y cubiertos de sarna y lastimaduras; cabras amarradas a una soga bajo la mirada vigilante del dueño de la tienda —que era también su casa—; mujeres musulmanas en sus burkas negras; mujeres hindúes con su sari y lunar rojo en la frente, y sus estómagos vacíos; hombres acostados en las veredas, con el rostro sobre el pavimento, durmiendo, enfermos, posiblemente muertos, y vacas que detenían el tráfico mientras buscaban pastos que no podían encontrar en ninguna parte. La multitud y el gentío por todos lados, la densidad de la población de Calcuta, no se parecían a nada que yo hubiera visto antes. Me sentí como en un bautismo de fuego.

Finalmente, un empresario bien vestido que hablaba inglés me dio las indicaciones para llegar a mi hotel. Cuando me aproximaba a la entrada, otro hombre indio que hablaba inglés se me acercó y me preguntó si quería algo de compañía femenina, señalando a una señorita que estaba a unos metros de distancia y que no podía tener más de quince años. Lo miré con furia y seguí caminando aprisa hacia el hotel, asqueado. Ya había tenido suficiente de Calcuta por un día. Me lamenté no haber hecho reservaciones en el único hotel lindo de la ciudad, el Oberoi, que estaba cerca del distrito comercial. Pero después de toda la miseria que había visto en las calles, mi habitación con sus cucarachas y su ventilador de techo era como un palacio.

En la cama esa noche traté de pensar en todo lo que había visto, oído y olido. No podía quitarme de la cabeza a esos jóvenes que arrastraban las carretas. Todos ellos lucían iguales: bajos de estatura, delgados y musculosos de la manera más enjuta. Su piel oscura, el rostro sucio, los dientes podridos. Descalzos, siempre apurados, zigzagueando entre el tráfico, jalando el carro en el que viajan sus pasajeros. Algunos observadores se han referido a ellos como "caballos humanos" por la forma en que llevan sus cargas con un trote lento.

La *Guía Turística Frommer de India por $25 al día* era la guía de turismo popular en ese tiempo, que hacía un intento por reconocer la dimensión moral y ética de los conductores de bicitaxis o carretillas:

> *Un bicitaxi —si su conciencia puede soportar este ejemplo de explotación imperialista— es maravilloso para apreciar más las vistas [de la vida urbana] desde cerca. Y a pesar de lo que pueda sentir por ellos, representan una forma más íntima de ver la acción. (Para los occidentales con conciencia social que se quejan porque los bicitaxis "explotan la dignidad humana", un editor local respondió simplemente: "Bueno, si todos se niegan a contratarlos el problema se resolverá por sí solo, porque se morirán de hambre").*

Calcuta no es un lugar sencillo. Para mí, siempre ha estado lleno de desafíos morales y espirituales. En ese primer viaje, la ciudad me obligó a caminar por sus calles repletas de sufrimiento y mugre. Fue como si todo lo que me daba temor hubiera desfilado delante de mis ojos. Mucho de lo que vi me asustó, y unas cuantas cosas me disgustaron. Pero después de haber pasado un día en medio de los conductores de carretillas, los niños hambrientos y los hombres bañándose en la calle, ya no tenía más temor.

Al mostrárseme tal cual era, Calcuta me estaba ayudando a verme mejor a mí mismo. Me estaba arrancando el orgullo. Tenía más en común con los mendigos de lo que me habría gustado reconocer. La diferencia era que sus imperfecciones estaban todas exhibidas mientras que las mías permanecían ocultas. A pesar de mi gratitud recién descubierta por mi sucia habitación de hotel, no pudo brindarme el descanso que necesitaba; yo estaba muy consciente de que el hombre del espejo no era tan sabio como había creído. Me vi forzado a detectar todo lo que estaba desordenado, sucio y roto dentro de mí.

CAPÍTULO 2

Conocer a la Madre

Acepta todo lo que Él te da y renuncia a todo lo que Él se lleve con una gran sonrisa.

—MADRE TERESA

Mi segunda mañana en Calcuta comenzó a las cinco, pero llevaba unas horas despierto. Había estado dando vueltas en la cama en mi habitación sofocante y húmeda. Me iba a encontrar con la Madre Teresa, que era la única y exclusiva razón por la que había venido a Calcuta.

Ya estaba todo sudado cuando bajé al recibidor, donde un chofer del consulado me estaba esperando a las seis de la mañana. Asistiría a una misa en la casa de las Misioneras de la Caridad, el cuartel central del convento de la congregación religiosa. Mi reunión estaba programada para después del servicio. El complejo limpio y ordenado era un alivio después de la suciedad y el caos de la ciudad. La capilla estaba situada en el segundo piso y estaba repleta de cientos de monjas con idénticos saris blancos con rayas azules. Recorrí el lugar con la mirada en busca de la Madre Teresa, pero era imposible distinguir cuál era su cabeza cubierta. Encontré un lugar con los voluntarios y turistas en la esquina a la derecha de la capilla, y me senté contra la pared trasera, estirando mi cuello para poder divisar algo del servicio.

Las ventanas de la capilla que daban a la Calle Circular Inferior estaban abiertas, pero no lograban brindar alivio del calor y la humedad. No obstante, sí dejaban entrar oleadas de vapor, juntamente con los chillidos de los mirlos apostados en las cornisas del edificio. Esta cacofonía no desmerecía en absoluto la hermosura de las hermanas que cantaban sus alabanzas a Dios al comenzar la misa. En este caso eran un verdadero "coro de ángeles".

Las lecturas de las escrituras en las misas católicas no se eligen localmente; son tomadas del Leccionario, una colección completa de pasajes de la Biblia seleccionados mucho tiempo atrás por el Vaticano. Las selecciones se siguen en orden, sin excepción, año tras año, en todo el mundo. Las misas entresemana incluyen la lectura de un pasaje de los cuatro evangelios, precedido por una selección del Antiguo o Nuevo Testamento. Esta misa a la que asistí correspondía al "jueves de la vigésima semana del tiempo ordinario, año uno", lo que sucede año por medio a mitad de agosto.

Me preguntaba si acaso estaba listo esa mañana, si una de las lecturas del día podría traer un mensaje secreto de Dios para mí, dado que había hecho todo este camino para conseguir algo de revelación. El pasaje del evangelio y el sermón que le siguió parecían haber estado planeados justo para mí. La lectura era del capítulo 19 de Mateo y comenzaba con las palabras de Jesús: *Les aseguro que difícilmente un rico entrará en el Reino de los Cielos. Sí, les repito, es más fácil que un camello pase por el ojo de una aguja, que un rico entre en el Reino de los Cielos* (Mt 19, 23-24).

Este era un pasaje que había oído muchas veces antes, pero nunca en una ciudad donde la distancia entre el rico y el pobre fuera tan dramática y evidente. Recorrí con la vista la capilla, observando a todas esas mujeres que voluntariamente habían tomado un voto de pobreza, y me sentí avergonzado. A un nivel material, el contraste de mi vida llena de comodidad con sus vidas simples y livianas no podría haber sido más claro. A un nivel espiritual también, yo era el hombre rico del evangelio: estaba enfocado en los logros terrenales y las cosas materiales. Estaba lejos del cielo, y las humildes monjas lo hicieron imposible de ignorar.

El sacerdote dijo que había dos tipos de personas en el mundo, los que acumulan y los que dan, y cada uno debía decidir cuál de ellos será. Las monjas que me rodeaban ya habían tomado su decisión. ¿Pero qué elección había hecho yo? Casi todas mis actividades estaban dedicadas a mi avance profesional y social (claro que esas áreas no eran por placer personal). Fuera del trabajo, la mayor parte de mi tiempo lo pasaba mirando televisión o saliendo a ver películas y eventos deportivos. Miré alrededor en la capilla y vi personas de mi edad de todo el mundo que habían venido a la India a servir a otros en las condiciones más difíciles. Y allí estaba yo, sentado entre ellos como un simple espectador. Era la encarnación del acumulador. La homilía del sacerdote y el ejemplo silencioso de las monjas también me obligó a confrontarme respecto de lo egoísta que había sido mi viaje; por fortuna, la Madre Teresa estaba a punto de convertirse en una buena historia para impresionar a los otros empleados de la Casa Blanca en las horas felices de dos-por-uno.

La vergüenza de descubrir esto hubiera sido suficiente para transformar a un hombre humilde. Estaba avergonzado, pero de todos modos permanecía indoblegable. Podía no haber sido un sirviente abnegado como los otros que estaban en la capilla pero, pensaba yo, tenía mucha compañía afuera, en el mundo real. No estaba haciendo demasiado por los demás, pero tampoco estaba dañando a nadie. El sacerdote exigía tomar una decisión, pero yo estaba seguro de que podía ser al mismo tiempo un acumulador y un dador.

Poco después de la homilía, vislumbré por primera vez a la Madre Teresa cuando ella se levantó para recibir la Eucaristía y distribuírsela a sus hermanas. Solo fue un momento, luego los congregantes se pusieron de pie y ella se perdió nuevamente en un mar de saris blancos. Las hermanas salieron de la capilla en un santiamén. Ellas y los demás voluntarios salieron a hacer su obra en los hogares de las Misioneras de la Caridad: cuidar de los niños del orfanato Shishu Bhavan, atender a los moribundos de Kalighat, o asear y alimentar a los discapacitados o enfermos mentales en Prem Dan. Esos dadores vivían por un propósito; tenían un lugar donde estar.

Este turista, por otra parte, no tenía ningún apuro. Había venido a Calcuta a acumular, a tomar, no a dar, y parecía que las monjas estaban haciendo un buen trabajo sin mí. Pronto me encontré solo en la capilla. Había divisado a la Madre Teresa otra vez mientras salía con las demás, pero no sabía a dónde se había dirigido, y tuve la impresión de que tendría que salir a encontrarla. Pero a los pocos minutos ella volvió a ingresar en la capilla para hacer sus meditaciones diarias sobre la pasión de Cristo representada en una secuencia de catorce imágenes —lo que los católicos llamamos "viacrucis"— que se encontraban equidistantes en la pared trasera de la capilla. Yo me quedé sentado en mi banco en una esquina, mientras ella avanzaba de una a la siguiente, lentamente en dirección a mí, sosteniendo fuerte su pequeño libro de oraciones y recitando de forma inaudible las oraciones adecuadas para cada estación. Yo estaba sentado detrás de la última. Por fin ella llegó a su destino y quedó parada directamente frente a mí, a un par de pies de distancia. Nunca quitó su mirada de la imagen que se encontraba sobre mi cabeza. Parecía estar perdida en oración, a solas con Dios.

Cuando finalizó la última meditación, se dio la vuelta y se dirigió hacia la parte delantera de la capilla, para arrodillarse delante de la estatua de María, la madre de Jesús. Luego se marchó. La seguí cautelosamente con la mirada hasta que la vi desaparecer tras una cortina blanca transparente que separaba las áreas privadas de las hermanas de las áreas públicas de la Casa Madre. Encontré a una hermana pasando por ahí, le entregué mi carta de presentación del senador Hatfield y traté de impresionarla con lo importante que era yo y por qué merecería tener una audiencia con la Madre Teresa. Ella muy amablemente me pidió que me sentara en un banco y desapareció detrás de la cortina.

A los pocos minutos apareció la Madre. Irrumpió en la zona donde estaba sentado con la energía de una colegiala. Vino tan rápidamente y se sentó a mi lado de inmediato que no tuve oportunidad de ponerme de pie y saludarla como corresponde. Allí estaba yo, ¡sentado junto a una santa viviente! Ella era tan pequeñita —no llegaba ni a los cinco pies de altura (1,50 m)— pero tenía manos grandes y suaves que envolvían las mías al estrecharme el saludo. Eran como almohadas. Su inglés con acento era perfectamente claro. Sus ojos color avellana se clavaron en los míos.

En un instante comprendí que ella era todo lo que yo no era. Era una persona enfocada, con propósito, alegre; yo estaba conmovido por lo plenamente viva que parecía estar. Esa semana había cumplido setenta y cinco años, y con todo, lucía joven y vigorosa. Me preguntó acerca del senador Hatfield y me agradeció por su carta. También me preguntó si conocía a las Hermanas Misioneras de la Caridad en Washington. Tuve que confesarle que no, y me pidió que les llevara sus saludos cuando regresara a casa.

Entonces vino la pregunta fatal: si había estado en la Casa de los Moribundos, Kalighat. Le expliqué que acababa de llegar el día anterior, aunque un simple "no" hubiera bastado. "Vaya a ese lugar", me dijo, "y pregunte por la hermana Luke". Le dije que me encantaría ir a Kalighat. Tenía el resto del día libre, y pensé que la visita me llevaría a alguna clase de experiencia maravillosa como las que Malcolm Muggeridge había descrito en su libro. Incluso de no ser así, al menos sin dudas tendría una buena historia para contarles a los míos de regreso.

Con esto concluyó nuestra breve conversación, que duró apenas unos minutos. Ella se puso de pie y, al estilo indio, unió sus manos delante de su rostro y se despidió. Con esto, se dio media vuelta y se marchó.

Desde temprana edad, Agnes Gonxha soñaba con llevar la vida de una misionera. Sabía que sería una vida de sufrimiento y austeridad, pero ella no deseaba una existencia fácil, y sus primeras experiencias como monja no la decepcionaron. En 1932, la reciente proclamada hermana Teresa fue enviada al vecindario de Entally en Calcuta, al complejo amurallado de Loreto, donde aproximadamente setecientas jóvenes indias se hospedaban y estudiaban. La mayoría de ellas tomaban clases de inglés en el colegio principal; en Santa María, un colegio separado también en el mismo complejo, las clases se daban en bengalí. La hermana Teresa enseñaba historia y geografía en Santa María y, por un período de tiempo y a pedido de ella, se le asignó enseñar en la escuela de la parroquia local, Santa Teresa, una experiencia que la introdujo a la miseria que había fuera del complejo.

En mayo de 1937, la hermana Teresa tomó sus votos finales como monja y recibió el nombre de "Madre Teresa", siguiendo la costumbre de Loreto en ese tiempo. Continuó enseñando en Santa María, pero comenzó a llevar grupos pequeños de estudiantes para suplir las necesidades de los pobres y sufrientes en las villas miseria lindantes con la propiedad del convento. *Cada domingo visito a los pobres en los suburbios de Calcuta*, le escribió a una amiga de su tierra natal. *No puedo ayudarlos porque no tengo nada, pero voy para darles alegría… No me maravillo de que mis pequeños pobres [sus estudiantes] amen tanto a su escuela.* En una casa vivían doce familias, en un pequeño cuarto cada una. Después de visitar los hogares ya no se sorprendió de que tantos niños padecieran tuberculosis. Su corazón se partió al ver que los chicos necesitaban mucho más que una maestra de geografía.

No lejos de Entally se estaba gestando el conflicto. El Raj Británico estaba bajo una presión en aumento, dado que Mohandas Gandhi y los otros movimientos nacionalistas que demandaban la independencia india. Su causa cobró impulso cuando, en 1939, el Reino Unido declaró la guerra a favor de la India. La declaración fomentó más la agitación local.

Cuando las fuerzas imperiales japonesas avanzaron a la península de Malasia en 1942, la India, y particularmente Bengala, la provincia cuya capital es Calcuta, se vio cada vez más amenazada. Incluso el complejo Loreto estaba en pie de guerra. La mayoría de las monjas fueron reubicadas en ciudades más seguras dentro de la India, o fueron enviadas a casa a la neutral Irlanda. La Madre Teresa fue una de las que se quedó con los estudiantes internos que no pudieron ser evacuados. El Colegio Santa María había sido requisado como un hospital militar, y se rentaron dos locaciones para clases y refugio. El trabajo era incesante. La Madre se hizo cargo de trescientas alumnas durante la guerra, y estuvo a punto de arruinar su salud. Le ordenaron tomar descansos al mediodía, pero aun así enseñaba a siete grados de alumnas, calmaba el temor de cientos de niñas y les preparaba la comida.

Esto último había sido su mayor hazaña. La hambruna de 1943 en Bengala se llevó las vidas de al menos dos millones de almas, y desplazó a incontables personas. La provincia enfrentó una enorme crisis humanitaria. Habitantes del campo invadieron e inundaron la ciudad buscando comida, y peleaban no contra los japoneses sino contra el hambre. La Madre Teresa y sus estudiantes no pudieron hacer demasiado para mitigar las masas sufrientes de personas hambrientas que se dirigían a los suburbios y villas miserias para poder sobrevivir.

Cuando finalizó la guerra en 1945, los indios exigieron el fin del régimen colonial, pero las principales poblaciones tenían ideas muy distintas de lo que debía ser la independencia. Algunos, como Gandhi, deseaban una India independiente que siguiera unida y proveyera salvaguardas para proteger los derechos de las minorías religiosas. Otros querían forjar un estado musulmán separado. El 16 de agosto de 1946, casi un año después del fin de la Segunda Guerra Mundial, la enemistad hirviente entre hindúes y musulmanes llegó a su punto de ebullición en Calcuta, cuando la reunión política de los musulmanes que buscaban su propia tierra se salió horriblemente de control. Este momento llegó a conocerse como "El día de la gran matanza" y, unos años después, la Madre

Teresa apenas podía referirse a ello. Bandas de musulmanes entraron en una embestida, emboscando a los hindúes y matándolos de manera indiscriminada. Los hindúes se vengaron al día siguiente con un salvajismo similar. Calcuta fue tomada por actos recíprocos de limpieza étnica.

La Madre Teresa y sus cientos de estudiantes se apiñaron detrás de los muros del convento de Loreto cuando las luchas se propagaron. Para ese tiempo ella ya era la directora del Colegio Santa María y superiora de facto de la congregación bengalí afiliada a Loreto, las Hijas de Santa Ana. Como no tenía comida para darle a sus internas, la Madre Teresa valientemente se aventuró, arriesgando su vida, para obtener bolsas de arroz de una unidad militar que patrullaba el vecindario. "No se suponía que podíamos salir a las calles", recordaba ella, "pero yo salí de todos modos. Luego vi los cuerpos tendidos en la calle, apuñalados, golpeados, yaciendo encima de su sangre reseca". Los soldados británicos estaban asombrados de ver a esta pequeña mujer caminando hacia ellos en medio de todo ese caos. Ella era verdaderamente intrépida en su vocación.

Esa tarde mi chofer me pasó a buscar por el hotel y me condujo por la ciudad hasta Kalighat. El camino que llevaba hasta la entrada estaba tan atestado de mercaderes y personas a pie que el auto casi no podía avanzar, solo lograba abrirse paso gracias a una incesante bocina que alertaba y amenazaba a los peatones.

Nos detuvimos delante de la Casa de los Moribundos, que estaba ubicada en la esquina de un gran templo dedicado a la diosa hindú Kali, y yo tuve que caminar entre una muchedumbre de mendigos y guías de turismo, ambos buscando ganarse la vida. Me dirigí a la entrada y pregunté por la hermana Luke. Ella llegó enseguida. Era mucho más robusta que la Madre, usaba anteojos con marco de carey y no sonreía. Comencé con un orgulloso relato de mi reunión privada con la Madre Teresa esa mañana (¡yo ya estaba usando su nombre para conseguir algo a cambio!), y que ella me había dicho que viniera a conocer Kalighat. La hermana Luke me escuchó y luego dijo: "¡Bien! Aquí hay algo de gasa, y también un poco de benzoato de bencilo. Vaya abajo, a la cama 46, y limpie al hombre que se encuentra allí. Él tiene sarna".

"¿La cama 46?", respondí como buscando clarificación. ¡Yo no había venido a Kalighat como voluntario! ¡Había venido de visita! Tenía puesta una camisa blanca almidonada de manga larga, que había enrollado hasta los codos, con un pantalón de vestir negro y zapatos duros (digamos que exageradamente elegante, dado que las hermanas estaban descalzas y los voluntarios usaban *short* y chinelas). Yo había imaginado a la hermana Luke saludándome y dándome una visita por las instalaciones, tras lo cual yo le daba algo de dinero y me marchaba. Nunca hubiera venido a Kalighat si hubiera sabido que me presionarían para servir. Peor aún, porque recién acababa de llegar y no pude decirle exactamente que yo tenía otro compromiso. Empecé a pensar frenéticamente en cómo escurrirme de ese aprieto, pero no encontré ninguna forma posible o amable de declinar su invitación a ayudar. Tomé lo que me entregó y emprendí mi camino. Había quedado pegado al Sr. Sarna de la cama 46.

La verdad es que yo era demasiado orgulloso como para admitir ante la hermana Luke que no quería tocar a nadie en ese lugar tan precario. ¿Qué iba a decir cuando regresara a Estados Unidos y mi madre me preguntara qué le había traído de regalo? ¿Sarna? No había ni una parte de mí que quisiera ir a la cama 46 y limpiar a ese moribundo. Fui solamente por mi gran orgullo. Pasé por la habitación casi en un trance, atravesé el angosto pasillo entre las hileras de catres hasta el final, donde estaba situada la cama 46.

Lo que encontré fue a un hombre inmóvil debajo de una sábana, con mejillas hundidas y párpados apenas resquebrajados. Parecía un muerto. Procedí a sentarme en el catre, y lo hice directamente encima de su pierna. Yo no la había visto en absoluto; él estaba demasiado delgado como para percibir su extremidad debajo de la sábana. Hizo una mueca de dolor, pero encontraba muy débil como para quejarse. Enseguida me reacomodé y me senté en otro lado. No tenía idea de lo que tenía que hacer. Después de unos minutos, un hombre entró: era uno de los voluntarios. Le dije:

—La hermana Luke me dijo que lo limpiara; tiene sarna.

—Así es —respondió con un acento irlandés.

—¿Qué es la sarna? —le pregunté.

—La sarna escarba dentro de la piel y da picazón. Verá dónde se localiza: en los montículos colorados en la piel. —Estaba ansioso por seguir adelante, como si tuviera otro paciente al que cuidar.

Lo presioné con una pregunta más:

—¿Sabe dónde está la sarna en este paciente?

—Sí, está alrededor de su ano —respondió de manera casual.

¡El día se estaba poniendo cada vez mejor! El hombre flaco como un alambre en la cama 46 cooperó cuando lo volteé y lo puse de lado. Hizo una mueca cuando le apliqué el medicamento a su sarpullido. Tenía la mirada fija al frente, como si estuviera resignado a que un completo extraño se posara al costado de su cama.

Cuando terminé, lo volví a acomodar tal como lo había encontrado. Nunca hizo contacto visual conmigo. Le di a beber un sorbo de agua de una pequeña taza que había en el suelo, a la izquierda de su cabeza. Al quedarme de pie a su lado observé cuánto esfuerzo le llevaba dar apenas un leve suspiro. La muerte parecía estar ya sobre él. Los hombres que estaban a su alrededor no estaban en mejores condiciones. Esta habitación repleta de profundo sufrimiento me pareció horrible pero, por supuesto, era perfectamente lo que se esperaba de un hogar para moribundos. Vi a un hombre en la otra esquina con un pie espantosamente agrandado, una enfermedad que luego un voluntario me dijo que era filariasis, a menudo llamada elefantiasis. Empecé a concentrarme en mi estrategia de salida, aunque apenas había estado en ese lugar unos quince minutos.

Al parecer la hermana Luke no había terminado conmigo. Me llamaron desde la cama 46 y me enviaron limpiar a otros tres hombres, y luego a dar de comer a algunos más, incluyendo uno que sus ojos estaban tan hinchados que no podía abrirlos, y otro que notó la chocante diferencia entre mi antebrazo saludable y el suyo lastimoso. Continué siguiendo las órdenes de la hermana y trabajando en el pabellón porque no podía encontrar una buena excusa para irme. Ciertamente no estaba disfrutando lo que hacía, aunque el tiempo pasaba y yo me veía menos repelido por ello.

Después de unos cuarenta minutos de trabajo voluntario, sentí que podía escaparme sin escandalizar a la hermana Luke o humillarla. Le dije que debía irme a preparar mi viaje a los Estados Unidos al día siguiente. Ella me respondió: "Un solo día no es suficiente". Al salir por la puerta pensé para mis adentros: "En realidad, hermana, una hora es más que suficiente". Estaba feliz de salir de Kalighat. Regresé a mi hotel, abrí una cerveza, y le agradecí a Dios que al día siguiente me iba de la India.

Durante mi estadía en Kalighat no escuché ningún coro angelical, no vi ningún flash de luz celestial ni experimenté un éxtasis espiritual. Todo el tiempo estuve preocupado y con miedo de pescar sarna o tuberculosos de los pacientes, y trataba de figurarme cómo librarme de ello a la primera oportunidad. Pero no podía escapar al hecho de que había cruzado una barrera del estilo: había tocado gente desesperadamente pobre. Había salido bien lejos de mi zona de confort y había sobrevivido. Me sentí de algún modo más hombre por haber vencido mis temores y haber hecho un pequeño bien. Había aprendido del libro de Malcolm Muggeridge que la Madre hablaba de los moribundos como "Jesús en su angustiante disfraz". Pero yo solo había experimentado la angustia y no había sentido ni una pizca de la presencia viva de Dios. No había sido una experiencia espiritual.

Casi no pegué un ojo esa noche por temor a perder mi vuelo tempranero. Me llevaron al aeropuerto a las 4:15 a.m. Al principio, cuando atravesamos la ciudad, miré por la ventanilla los cuerpos recostados en la acera; familias enteras amontonadas con nada más que las ropas a sus espaldas. No había una sola calle en la que no hubiera indigentes durmiendo en el pavimento. Después de un tiempo, volteé la vista. Ya había tenido suficiente de Calcuta. El Aeropuerto Dum Dum parecía más sosegado que cuando había llegado, quizás porque mi inmersión en la ciudad había adormecido algo de mi sensibilidad. Pero todavía tenía que hacer la fila en el mostrador para el registro de salida. Una cancelación del vuelo o una demora hubiera sido devastadora. Cuando el avión despegó, sentí un bendito alivio de estar saliendo de India.

Había organizado una parada en Hawái en mi viaje de regreso, y ciertamente sentí que me lo había ganado. Hawái era todo lo que se suponía que debía ser —arenas blancas, palmeras, jugos de frutas— pero yo estaba incómodo mirando la belleza exótica de Honolulu al haber estado en la pobreza extrema de Calcuta. El paraíso que supuestamente iba a ser mi recompensa por enfrentarme a India parecía vacío. El contraste entre ambos lugares simplemente era demasiado grande de reconciliar. Las piñas que decoraban el mostrador de entrada de mi lujoso hotel eran más saludables que las personas que acababa de dejar en las calles de Calcuta. Los empleados que regaban los jardines del hotel me trajeron a la mente el ritual matutino de las personas de la calle agachadas sobre las alcantarillas utilizando latas oxidadas para lavarse. Las mujeres en bikinis bronceándose en la costa estaban a años luz de las jóvenes madres vestidas con harapos, asándose en el pavimento, hirviendo mientras mendigaban.

Todo esto era demasiado para procesar. Los lujos que se ofrecían en ese resort habían perdido su atractivo. Mientras me reclinaba en una reposera junto a la piscina, pensé en el hombre a siete mil millas, el de la cama 46. Esto no era lo que se suponía que debía ser Hawái para mí. Mis cinco días en las islas de Oahu y Maui fueron un torbellino de confusión. Me sentí desequilibrado, inseguro de todo. Este caos emocional, la primera impresión de una epifanía. Algo había cambiado dentro de mí al estar en la India. Había ido a Calcuta a ver a la Madre Teresa, esperando ser restaurado, como el ciego al que Jesús sanó. En cambio, ella había abierto mis ojos.

CAPÍTULO 3

Elegir siempre lo más difícil

*Si eres humilde nada te tocará, ni los elogios ni
las desgracias, porque sabes lo que eres.*

—MADRE TERESA

Me encontraba en alguna parte del Pacífico en mi regreso a Washington cuando me di cuenta de que podía estar extrañando Calcuta y que, definitivamente, estaba extrañando a la Madre Teresa, aunque solo la había visto muy brevemente. Mis pensamientos continuaban volviendo a Kalighat y mi corta estadía allí. No podía sacarme de la cabeza esos rostros demacrados y esos cuerpos frágiles.

La Madre creía que cuando miraba a los desamparados y agonizantes estaba viendo la presencia real de Dios en la Tierra. Me llevó años comprender cómo Dios, los hambrientos, sedientos y enfermos, me habían estado esperando en la cama 46, y que cuando había tocado a ese hombre al borde de la muerte, Dios me había tocado en respuesta.

Esta comprensión nunca hubiera ocurrido si yo no hubiera guardado la promesa que le hice a la Madre de visitar a sus hermanas en Washington y enviarle sus saludos. Mis rutinas confortables y la adrenalina del Capitolio me atrajeron poderosamente, pero sentí que era mi deber cumplir mi voto. ¡Un tipo tiene que ser un verdadero perdedor para no mantener una palabra dada a la Madre Teresa!

Diez días después de regresar encontré el convento de las Misioneras de la Caridad en Anacostia, el distrito más pobre y violento de Washington. La hermana Manorama, una pequeña monja india un poquito más alta que la madre, me recibió en la entrada; ella era un retrato de bondad y ánimo. Ella y sus tres hermanas se emocionaron al escuchar las historias de mi viaje, mi visita a la Madre y mi paso por Kalighat.

Al igual que en la India, una simple invitación de una pequeña monja me atrapó. La hermana Manorama me preguntó: "¿Por qué no viene el sábado en la mañana y nos ayuda en el comedor comunitario?". Ella debe haber pensado que, si fui voluntario en Kalighat, cubrir un turno a la hora de la comida no sería un desafío. Su pedido fue inocente; mi aceptación, no. Acepté porque, lo mismo con la hermana Luke, no pude encontrar la forma de decir no. ¿Qué excusa tendría? Estaba planeando dormir hasta las diez, comer panqueques de arándanos en Eastern Market, mirar un partido de fútbol en la televisión y luego ir a un bar con amigos. No podía decirle la verdad. Así que arreglé para ir ese fin de semana, asegurándome silenciosamente de que entregar un par de recipientes de sopa a algunos sintecho no sería ni remotamente parecido a limpiarle la sarna a un moribundo. Decidí que esa visita sería "nada más que un ejercicio", tal como en Calcuta.

Solo unas semanas después de la masacre en agosto de 1946, la Madre Teresa dejó Calcuta. Estaba agotada y necesitaba descansar y orar. En el tren rumbo a Darjeeling, en las laderas de los Himalayas, tuvo una experiencia mística. Cuando estaba orando oyó el llanto de Cristo desde la cruz: "Tengo sed".[9] Este mensaje de Dios marcó el rumbo del resto de su vida.

Ella entendió que esta sed era el anhelo de Cristo por amar y ser amado. "'Tengo sed' es algo mucho más profundo que Cristo diciendo 'Te amo'", explicó más tarde. "Hasta que no sepas en lo profundo de tu ser que Cristo tiene sed de ti, no podrás comenzar a saber quién desea ser Él para ti. O quién desea que tú seas para Él".

Para ella, el clamor era un llamado específico a mitigar la sed de Jesús a través de obras de misericordia entre "los más pobres de los pobres". Lo que ella llamaba "la Voz" le dijo explícitamente que fuera a los "agujeros oscuros" de los suburbios y les diera amor y dignidad a los pobres a través de la obra de sus manos.

La Voz no dio lugar a malentendidos cuando le dijo: "Tu vocación es amar, sufrir y salvar almas… Te vestirás con ropas indias simples o como mi Madre se vestía: simple y pobre".

"El mensaje era bien claro", le explicó a su amiga Eileen Egan unos años más tarde. "Tenía que dejar el convento y trabajar con los pobres mientras vivía con ellos. Era una orden. Yo sabía a dónde pertenecía, pero no sabía cómo llegar allí".

La visión mística de la Madre Teresa en el tren a Darjeeling tenía una similitud con la experiencia de María de Nazareth en la anunciación, el momento en el que el ángel Gabriel le dijo que concebiría y daría a luz al hijo de Dios. Ambas mujeres recibieron misiones que estaban fuera de toda comprensión humana. Al igual que María escogió confiar en el mensajero de Dios y obedecer —*Soy la sierva del Señor.*

Que se haga conforme a lo que dices[10]— también la Madre Teresa creyó sin entender. "Sumisión total y amorosa confianza van de la mano", observó más tarde a sus hermanas. Y nada menos que una confianza heroica en Dios bastaría, porque sus nuevas tareas parecían inalcanzables: ¿cómo iba esta pequeña mujer europea a dejar atrás la seguridad del convento para aventurarse en los guetos de Calcuta por su propia cuenta, sin dinero ni ayuda?

Ella confiaba en el padre Celeste van Exem, un sacerdote jesuita que asistía al convento de Loreto en Entally. Además de ser su director espiritual, Van Exem estaba bien conectado en Calcuta y sabía qué pasos ella debía dar para dejar Loreto y comenzar su nueva misión. Necesitaría el permiso del arzobispo de Calcuta, Ferdinand Perier; su superior en Irlanda, la Madre Gertrude, y el Papa. Le llevaría unos dos años —seis meses que pasaría prácticamente en exilio en otra escuela de Loreto en Asansol, una ciudad a unas ciento cuarenta millas (225 km) de Calcuta— para lograr que todos estuvieran de acuerdo. El arzobispo Perier se demoró casi un año hasta que ella compartió con él los detalles de las tres visiones que había recibido en Asansol. Ella describió que vio "una gran multitud… cubierta de oscuridad" implorándole que cuidara a los pobres; después María le había hecho un encargo similar y, por último, Jesús hizo lo propio desde la cruz. Al siguiente mes, enero de 1948, el arzobispo finalmente prestó consentimiento y se comprometió a ayudarla con la aprobación del Vaticano. Estoy profundamente convencida de que retener mi consentimiento obstaculizaría la realización de la voluntad de Dios[11], le escribió en una carta a la Madre Gertrude.

Esos años impacientes para la Madre fueron también los que vieron a la India lograr su independencia. Bengala continuó sufriendo estallidos periódicos de combates violentos entre hindúes y musulmanes, que solo se intensificaron cuando algunas partes de Bengala fueron integradas a India para formar parte de lo que se denomina Pakistán oriental. La elevada violencia en Calcuta y la llegada de legiones de hindúes desplazados de la nueva nación musulmana solo intensificó el deseo de la Madre Teresa de aliviar el implacable sufrimiento de los más pobres. Como le escribió a la Madre Gertrude: *Si estuviera en la India, si viera lo que yo he visto por tantos años, su corazón también anhelaría que nuestro Señor sea más conocido entre los pobres que sufren los más terribles padecimientos y luego una eternidad en oscuridad, porque no hay monjas suficientes para darles una mano de ayuda en sus sombríos agujeros. Permítame ir, amada Madre General*, le suplicó.[12]

Eventualmente, la orden de Loreto y el Vaticano le permitieron ir. Se despidió de sus amigas, lloró cuando sus estudiantes le cantaron canciones en bengalí en su partida, y con sus pocas pertenencias, abandonó los confortables límites del convento en Entally que por casi dos décadas había sido su hogar. Siempre sostuvo que este fue el paso más difícil que tuvo que dar en toda su vida. Fue, según dijo, "mucho más costoso dejar Loreto que a mi propia familia".

Antes de empezar su misión en serio, necesitaría adquirir nuevas habilidades. De modo que se fue a Patna, a 300 millas (482 km) en el estado vecino de Bihar, para capacitarse con las Hermanas Misioneras Médicas, un grupo muy esforzado que se especializaba en atender a los pobres. Allí recibió tres meses de entrenamiento intensivo y se volvió muy eficiente en tratar heridas infectadas, lesiones de lepra, disentería y otras condiciones graves que son comunes entre la gente de la calle.

Las misioneras experimentadas le enseñaron algo más que enfermería; le dieron consejos prácticos que la sostendrían como cuidadora de los más necesitados, insistiendo en que debía cuidarse a ella misma también. Una misionera necesitaba solamente comidas simples con mucha proteína, una siesta diaria y un día de descanso semanal. También le aconsejaron cubrirse la cabeza lo mínimo posible mientras trabajaba bajo el calor de la India y vestir ropa que pudiera resistir un lavado diario para prevenir el contagio de enfermedades infecciosas. Este consejo fue invaluable en la creación de las Misioneras de la Caridad.

La Madre Teresa regresó a Calcuta y comenzó su trabajo en los suburbios Moti Jihl de Entally el 21 de diciembre de 1948, vistiendo por primera vez lo que luego sería su sello personal: un sari de algodón blanco con rayas azules. No solo fue un quiebre dramático del hábito largo negro almidonado y la cabeza cubierta que había vestido por casi dos décadas, sino también una declaración de solidaridad con aquellos a los que serviría. Ese atuendo estaba asociado a la casta inferior de indios. Para muchos, la Madre Teresa lucía como un mendigo. "Era conmovedor ver a la Madre en su sari", recuerda la hermana Mónica, la decimoctava mujer en seguir a la Madre. "Todos nos quedamos mudos". La Madre no le dijo a nadie que su decisión de usar un sari simple provenía de la visión en la que Jesús mismo le había dictado cómo se tenía que vestir. En cambio, explicó que si ella y sus hermanas usaban los saris tradicionales de seda, los pobres estarían demasiado ocupados mendigando de ellas en vez de ser servidos por ellas.

La Madre Teresa enfrentó el ridículo desde el comienzo. Muchos de los que habían oído sus planes de trabajar entre los indigentes estaban incrédulos. Un sacerdote en Calcuta dijo: "Es una mujer demente". Otra atribuyó sus obras a "tretas del diablo". Su tarea parecía imposiblemente dura. En los suburbios solo encontró mugre y miseria, pobreza y sufrimiento.

Ella describió en su diario a un "viejo hombre tirado en el suelo, solo de toda soledad, enfermo y muriendo", y "una mujer muy pobre muriendo, creo que de hambre más que de tuberculosis". Pero los pobres estaban felices de tenerla a ella; una familia le permitió usar su piso sucio como pizarrón para enseñarle a cinco niños de las casuchas aledañas. Pronto se corrió la voz de una monja europea que les enseñaba a los niños pobres, y los cinco del primer día se convirtieron en cuarenta.

En esos días difíciles, hubo momentos en que extrañó la seguridad del convento y la compañía de sus amigas. Como escribió en su diario:

Hoy aprendí una buena lección: la pobreza del pobre debe ser muy dura para ellos. Cuando andaba rondando en busca de un hogar, caminé y caminé hasta que mis piernas y brazos me dolían. Pensé cómo les debe doler a ellos también, el cuerpo y el alma, buscando un hogar... comida... ayuda. Entonces la tentación se volvió más fuerte. Los edificios del palacio de Loreto vinieron a mi mente; todas las hermosas cosas y las comodidades, la gente con la que convivía, en una palabra, todo. "Solo tienes que decir una palabra y todo eso será tuyo de nuevo", me decía el tentador. Por mi libre albedrío, mi Dios, y por amor a ti, deseo permanecer y hacer lo que sea tu Santa Voluntad. No dejaré que una sola lágrima salga, incluso si llego a sufrir más que ahora, todavía deseo hacer tu Santa Voluntad. Esta es la oscura noche del nacimiento [de las Misioneras de la Caridad]. Mi Dios, dame coraje ahora, en este momento, para perseverar en seguir tu llamado.[13]

Ella sufrió "la tortura de la soledad" en esas primeras semanas que anduvo por su cuenta, después de pasar décadas en la comunidad de un convento, pero no estaría sola por mucho tiempo. La primera mujer joven en unirse a la hermandad llegó al mes siguiente. Su nombre era Subashini Das, una alumna de Santa María que conocía a la Madre Teresa muchos años antes. La joven había elegido "hermana Agnes" como su nombre religioso en honor al nombre de pila de su fundadora. Al mes siguiente Magdalena Gomes, también una exalumna, se unió y recibió el nombre de "hermana Gertrude" en honor a la Madre General de Loreto en Dublín, que le había dado a la Madre Teresa el permiso para irse. Gertrude era tan alta como la Madre, y Agnes era baja y muy popular entre las estudiantes de Santa María. Además, ella contactó a una excompañera que se les unió de inmediato, y que se convirtió en la hermana Dorotea. La hermana Clara, nacida y criada en la zona que en ese momento era parte de Pakistán (ahora Bangladesh), enseguida les siguió. Una hindú convertida, ella poseía una simpatía por los pobres que podía remontarse a cuando la Madre Teresa animó a ella y a sus compañeras a compartir su comida con los niños de Moti Jihl.

Al cabo de un año la Madre ya tenía a once mujeres jóvenes viviendo con ella (aunque no permanecieron mucho tiempo). Cuatro de ellas eran tan jovencitas que tenían que pasar el día terminando sus estudios secundarios, mientras que la Madre Teresa y las demás trabajaban en Moti Jihl o en la Clínica Santa Teresa, muy cerca de allí. Por las tardes, la Madre les brindaba educación teológica y formación espiritual a esas aspirantes a misioneras. Los sacrificios indecibles de este primer grupo de jovencitas fueron recompensados el 7 de octubre de 1950, cuando el Vaticano reconoció formalmente a las Misioneras de la Caridad como congregación oficial de la arquidiócesis de Calcuta.

La Madre y sus jóvenes seguidoras se ajustaban a un estricto estándar de pobreza que era consciente de los pobres a los que servían y, más profundamente, a la sed de Jesús en la cruz. Ella le infundió a su grupo original las prácticas de "elegir no tener", "dar hasta que duela" y "orar mientras trabajas". Un estilo de vida tal significaba que ellas voluntariamente abandonarían muchas de las comodidades que tenían en otros conventos y, a cambio, compartirían, en cierto grado, las privaciones de las familias que las rodeaban. Las mujeres dormían sobre colchones en el suelo en una habitación que tenía escasos 500 pies cuadrados (45 m²). El mismo espacio servía de aula y de comedor en el día y de dormitorio por la noche.

A medida que el número de MC crecía, así también crecía su necesidad de estructura. La Madre quería adherirse rigurosamente a la sencillez y las dificultades del voluntariado para asegurarse que las jóvenes de la aldea no se unieran en busca de una vida más sencilla de la que habrían tenido en sus casas. El cronograma que desarrolló se seguía con precisión militar —y continúa siéndolo hasta hoy en día, setenta años después— permitiendo solo las excepciones por necesidad o en ocasiones muy especiales.

Cada día las hermanas se levantan a las 4:40 de la mañana, se reúnen en la capilla para la oración matutina a las 5:00 a. m. y, tras ello, realizan los quehaceres domésticos antes de regresar nuevamente a la capilla para la misa. Después desayunan, y es entonces cuando las hermanas atienden sus labores misioneras; regresan al mediodía para hacer la oración, el almuerzo, una siesta de media hora, más oración en la capilla y, después, tomar juntas el té. Las hermanas continúan con una hora de oración y lectura espiritual, su trabajo vespertino con los necesitados y, después, una hora de oración adoradora en la capilla, antes de sonar la campana para la cena, a las 7:30 de la tarde. Después de la cena tocan las tareas de limpieza, bañarse y prepararse para el día siguiente. Una media hora de recreación seguida por las oraciones nocturnas cierra el día. Para las diez de la noche, las Hermanas Misioneras de la Caridad ya están dormidas.

La admisión a las MC no era más fácil que la vida que sigue al ingreso, y puede llevar hasta una década. Todo comienza con una visita "venga y vea" de dos semanas en uno de los conventos de las MC, una breve inmersión en la vida religiosa. Si la joven decide seguir adelante y —de igual importancia— es aceptada por las MC como candidata, comienza su período de aspirante. Por uno o dos años comparte el trabajo de las hermanas mientras recibe instrucción espiritual en una vida más profunda de oración. Si tanto la candidata como las MC determinan que es apta para la vida misionera, se cambia su blusa blanca y falda azul de aspirante por el sari blanco y comienza dos años de noviciado. Durante este tiempo la aspirante recibirá, en palabras de la Madre, un "entrenamiento espiritual intensivo en teología, historia de la Iglesia y las Escrituras, y especialmente en las reglas y constitución de nuestra comunidad". Luego del noviciado, si ambas partes siguen de acuerdo, la candidata entra en la segunda etapa de formación. Toma votos temporales y recibe el sari con rayas azules que visten todas las hermanas MC. Así comienza un período de seis años de servicio que culminará en su año de "terciaria". Cada terciaria tiene trabajos reducidos para permitirle un tiempo adicional de oración, de modo que pueda estar segura de que es llamada por Dios para la vida de una MC. Al final del año de reflexión, si ella y las MC todavía están de acuerdo, procederá a tomar los votos permanentes y, en la Misa de Profesión, recitará estas palabras:

Por el honor y la gloria de Dios y movida por un deseo ardiente de saciar la infinita sed de Jesús en la cruz, de amar las almas, consagrándome más plenamente a Dios, seguiré a Jesús más de cerca en mi vida entera, según el carisma, la vida y la obra de nuestra Fundadora, Santa Teresa de Calcuta, en un espíritu de amorosa confianza, total sumisión y alegría, aquí y ahora, en presencia de mis hermanas y en tus manos [la superiora general o quien ella designe], hago voto de castidad, pobreza, obediencia y servicio incondicional a los más pobres según la Constitución de las Misioneras de la Caridad.

La Madre Teresa diseñó este programa intensivo para inculcar la virtud de la humildad. Para ella, la humildad era el sendero más seguro a la santidad. Ella les enseñaba a sus hermanas la práctica del vaciarse y rendirse. En una carta de 1975 a sus hermanas, la Madre compartió sus pensamientos acerca de cómo cultivar la humildad:

Estas son algunas formas en que podemos practicar la humildad:

- Hablar de uno mismo lo menos posible.
- Preocuparse cada uno de sus asuntos.
- No querer controlar los asuntos de los demás.
- Evitar la curiosidad.
- Aceptar las contradicciones y la corrección con alegría.
- Pasar por alto los errores de los demás.
- Aceptar los insultos y las heridas.
- Aceptar ser despreciado, olvidado y abandonado.
- No buscar ser amado y admirado de manera especial.
- Ser amable y agradable incluso bajo provocación.
- Nunca depender de la propia dignidad.
- Ceder en una discusión incluso si uno tiene la razón.
- Elegir siempre lo más difícil.

Estas líneas capturan los preceptos centrales de la formación espiritual de la Madre Teresa, y muchos asumen que son sus palabras. Pero ella las extraía de un libro que amaba y al que regresaba en distintos momentos de su vida, *El amor supremo* [*This Tremendous Lover*, 1946], de Dom Eugene Boylan. La única línea original es la última: "elegir siempre lo más difícil", y fue el consejo que escuché a la Madre Teresa repetir a menudo.

Raramente había un momento de descanso para la Madre y su pequeño grupo de seguidoras, entre sus devociones y el cuidado de los pobres. Ellas se esforzaban para satisfacer sus propias necesidades básicas también. Las mujeres cargaban agua para bañarse y cocinar, y bajaban y subían los cincuenta y seis escalones hasta su único cuarto cada día, lavando sus ropas a mano en el suelo cerca del tanque de agua. La hermana Mónica, que se unió en 1952, recuerda que la Madre una vez bromeó: "Aquí nadie tiene permiso de enfermarse".

El trabajo que hacían las hermanas estaba basado puramente en las necesidades de su comunidad: "En la elección de las tareas no hay ni planificación ni ideas preconcebidas", una vez explicó la Madre Teresa. "Comenzamos nuestro trabajo cuando los sufrientes nos llamaron. Dios nos mostró qué hacer". La hermana Mónica recuerda: "La Madre era movida por ese pasaje en el evangelio que dice: *Jesús anduvo haciendo bien*[14]". Y por muchos años, eso fue precisamente lo que las Misioneras de la Caridad hicieron.

Llegó el sábado y las personas que hacían fila para recibir comida esa mañana de septiembre resultaron desagradecidas. Algunos llegaban borrachos o drogados, otros estaban enojados, y muchos, ambas cosas. La mayoría olía mal. Las hermanas encargadas de servir le entregaban a cada persona una ración de sopa, pollo asado y ensalada que habían cocinado a la mañana. Y con paciencia me mostraban cómo lo hacían. Yo estaba nervioso, y bastante seguro de que, si miraba de un modo incorrecto a alguno, me pondrían el plato de sopa de sombrero. Solo algunos dijeron "gracias", pero la mayoría avanzaba en silencio, haciendo gestos solicitando más de esto o aquello. Algunos se adelantaban en su lugar en la fila, otros mentían cuando les preguntaban si ya les habían servido. Era evidente que ninguno quería estar en ese lugar. Rezongaban en la fila cual niños con caries en la sala de espera del odontólogo.

La hermana Manorama se paseaba por el área de comedor con su delantal protector de su sari blanco y azul, recargando los vasos vacíos con más té helado, sonriendo y charlando con todos, tratando de hacer su máximo esfuerzo para poner un poco de alegría en un salón lleno de abatimiento. De vez en cuando una sonrisa brotaba de alguno de los rostros cansados, pero la mayoría del tiempo los hombres y mujeres que se sentaban a las largas mesas decían muy poco o tomaban su comida con insatisfacción, y la devoraban y se marchaban sin decir palabra.

Después que todos se fueron les ayudé a las hermanas a limpiar y a prepararse para el próximo día de servicio. Ellas reservaban con cuidado todo lo que podían, en el mismo folio de aluminio que habían utilizado para cocinar el pollo. La hermana Manorama me corrigió cuando traté de echar el papel de aluminio engrasado al cesto de basura. Cuando ella me mostró cómo fregarlo para limpiarlo, finalmente me di por vencido. Les ofrecí comprar todos los rollos de papel aluminio que necesitaran si ellas no podían pagarlo. Esa no era la cuestión, me explicó con mucha amabilidad, sino que se estaban identificando con la pobreza de aquellos a quienes servían.

Era admirable mirar a las monjas y todo el arduo trabajo que hacían sin quejarse, para dar de comer a aquellos que apenas mostraban una pizca de gratitud. Las hermanas habían venido desde los lugares más remotos de la tierra —la India, Guatemala y Estados Unidos— pero ellas trabajan como una sola persona y nunca se quedaban quietas. La ética del trabajo infatigable y el buen ánimo que la Madre impartía en las hermanas durante esos primeros duros años en Moti Jhil era mucho más notable en Anacostia. Todo lo hacían con una sonrisa, seguras y firmes en el conocimiento de que estaban sirviendo a Dios. Sus buenas obras surtían efecto tanto en voluntarios como yo, como en los pobres. La Madre Teresa una vez dijo que "el gozo es una red con la cual atrapamos almas". Para el momento en que terminé de servir mi primer turno de comida, felizmente estaba empezando a comprenderlo. Mis sábados en la mañana ahora eran de ellas.

CAPÍTULO 4

Pobreza espiritual

Debemos liberar espacio para ser llenos de Dios. Ni siquiera Dios puede llenar lo que ya está lleno.

—MADRE TERESA

M e llevó un poco de tiempo entender lo que la Madre quería decir con "Jesús en su angustiante disfraz de pobre", y tengo que agradecer a las Misioneras de la Caridad por la paciente enseñanza que me dieron. No disfruté mi primer período como voluntario en el comedor comunitario más de lo que disfruté mi breve estadía en Kalighat. Pero amé ver lo felices que son las hermanas en medio de los pobres a los que sirven. No podía recordar la última vez que había sentido el puro gozo brillando en sus rostros al servir a esa gente de la calle como si fueran huéspedes de honor. Me convertí en un voluntario regular los sábados y en la persona que hacía los mandados por las noches: era el que cumplía los recados y compraba las provisiones. En vez de pasear por los bares los fines de semana buscando a la chica de mis sueños, recogía a las monjas por el aeropuerto.

Pude sentir que las hermanas trazaron un nuevo rumbo en mi vida, y me gustaba a dónde me estaba dirigiendo. Estaban haciendo de mí un hombre mejor. Ellas eran la mejor parte de mi vida. No tenían nada, pero eran felices. Yo quería ser de ese modo también. En ese tiempo estaba viviendo en un apartamento en el sótano a nueve cuadras del Capitolio. Decidí quitarle la alfombra, vender mi cama grande, comprar una más pequeña y simplificar mi vida en forma general. Sin embargo, me costó bastante soltar la televisión y decidí orar al respecto.

La respuesta no tardó mucho en llegar. Una noche en 1986 llegué a casa del trabajo para encontrar la puerta delantera abierta y un hombre parado en mi sala, sosteniendo el televisor en sus manos. Retrocedí hasta la acera —las piernas me temblaban—, y lo miré salir de mi apartamento con el televisor, meterlo en su camioneta y escurrirse en la noche. También se llevó mi camiseta del equipo de básquet de la Universidad Estatal de Florida, algunos trofeos de torneos de verano y otros recuerdos que tenía de mis épocas de director técnico del equipo. Era como si Dios me hubiera dado un curso acelerado de cómo deshacerme de las posesiones materiales que más me importaban.

Aun así, ese período de mi vida fue casi eufórico. Me encantaba estar cerca de las MC. Compartíamos el amor en común que teníamos por la Madre Teresa, y cuanto más estaba con ellas, más podía apreciar su pureza, bondad y la rica espiritualidad que poseían. Estaban contentas de recibir mi ayuda, y yo necesitaba su mano firme a medida que forjaba esta nueva vida. Mi celo por integrar completamente las MC a mi mundo alcanzó proporciones tales que consideré pintar las tres rayas azules características de sus saris en la parte superior de las paredes blancas de mi apartamento, como un recordatorio constante de la Madre. Después decidí no hacerlo porque, incluso en mi estado de enamoramiento, me di cuenta de que era un poco tonto.

Mis amigos se burlaban de mí y me decían que extrañaban a su compañero de bebidas. Yo había cambiado las "horas felices" en los bares por las "horas santas" en las capillas, y ellos no sabían qué hacer con "el nuevo Jim". Algunos amigos y miembros de mi familia se preguntaban si yo me había vuelto loco, y en ese punto pude ver el porqué: de repente estaba pasando cada momento libre que tenía con las monjas.

A medida que pasaban las semanas, veía que tenía más satisfacción en ayudar a las MC que en mi trabajo en el Senado, aunque eso también me permitía ayudarlas. Al decir el nombre Mark Hatfield pude hacer que el convento de las hermanas en Washington D. C. obtuviera la exención de impuestos en un tiempo récord, y convencí al senador de que presionara al cabildero principal para que las cadenas de supermercados donaran una veintena de pavos a las MC para la comida de Acción de Gracias de los sintecho.

Con cada sábado que pasaba yo me sentía más cómodo con la clientela del comedor comunitario y, asistiendo sin falta, me gané el derecho de hacerles preguntas sobre sus vidas y llegar a conocerlos un poco. Yo no estaba preparado para oír lo que ellos contaban. Su exterior endurecido era el resultado de padres ausentes, madres con malos novios, colegios horribles, parientes en la prisión, sucesivas mudanzas e inestabilidad y mucha injusticia racial y social como modo de vida. Consumían drogas y alcohol para hacer todo esto un poco más llevadero. Estaba aprendiendo que el hombre de la cama 46 no era el único que estaba muriendo lentamente.

Esta fue mi primera introducción real a lo que la Madre Teresa describía como el fenómeno de la "pobreza espiritual".

Una vez la citaron diciendo que, en Estados Unidos y en Occidente en general:

...no tienen hambre de pan. Pero allí, las personas sufren de una terrible soledad, terrible desesperación, terrible odio, sentirse no amados, sentirse desamparados, sentirse desesperanzados. Se han olvidado de cómo sonreír, han olvidado la belleza del contacto humano. Están olvidándose de cómo es el amor humano. Necesitan alguien que los entienda y respete.[15]

La Madre Teresa abrió más hogares en los Estados Unidos que en ningún otro país fuera de la India, y creo que la razón fue la pobreza espiritual. Ella sabía que en Norteamérica las personas tenían hambre del pan de la amistad, sed de aceptación y tolerancia, y anhelo de ser vestidos con la dignidad que Dios les promete. La Madre Teresa dedicó muchas de sus energías a combatir la pobreza material, la desnutrición y la enfermedad en todo el mundo, pero estaba igualmente determinada a aliviar el dolor de los que se sienten no amados, no deseados y rechazados. Ella sabía que más allá de la comida, el techo y el vestido, cada persona tiene la necesidad fundamental de amar y ser amada. Sea que alguien estuviera pidiendo un bol de arroz o una mano de ayuda, era lo mismo para ella, era el mismo Jesús sediento.

Las MC comenzaron su obra cuando la crisis de refugiados de Bengala empeoró, y la pequeña clínica médica que la Madre Teresa y sus hermanas habían establecido se veía superada por las demandas de los sintecho y leprosos de Calcuta. Un día ella encontró a una mujer en las calles que tenía "medio cuerpo comido por las ratas y hormigas". Fue una experiencia trascendental. "La llevé al hospital", escribió en su diario, "pero ellos no pudieron hacer nada. De allí la llevé a la municipalidad y le pedí que me dieran un lugar donde poder llevar a esa gente, porque en el mismo día había encontrado otras personas muriendo en las calles". En 1952, después de mucho hostigamiento, la autoridad local gubernamental finalmente accedió. Un funcionario de salud musulmán le ofreció usar un edificio en ruinas en el templo Kali, que una vez había servido como casa de huéspedes para los peregrinos hindúes. Kali es la diosa hindú de la muerte y la purificación, y el templo era conocido por sus rituales funerarios. Fue en este lugar inverosímil donde la Madre Teresa fundó la misión cristiana más importante del siglo xx. Lo llamó Nirmal Hriday, que significa "el lugar de los de corazón puro" en hindi, en honor a María, la madre de Jesús. Pero desde entonces y ahora todos se refieren a él como "Kalighat".

Las puertas de Kalighat se abrieron en agosto de 1952 para brindar *un servicio incondicional y gratuito a los más pobres entre los pobres*.[16] Desde el comienzo, la Madre enfrentó una dura oposición de una comunidad hindú que no quería saber nada de su fe y sus obras de misericordia. Fue un sacerdote de Kali el que cambió la opinión local. Estaba muy enfermo de tuberculosis en su etapa final, e insultaba a todos los que se le acercaban. La Madre Teresa cuidó de él las dos semanas antes de morir en Kalighat, y los otros sacerdotes que lo visitaban vieron el respeto de la Madre por la fe hindú y la forma en que su ira se había apaciguado gracias al socorro de ella. La oposición a la Madre Teresa murió en paz junto con él.

Las cien camas del hospicio rápidamente se llenaban con personas agonizantes que sufrían cualquier enfermedad y aflicción, que eran traídas desde las calles para recibir el cuidado de una madre. Desde un lugar elevado en la entrada principal, la Madre dirigía el tráfico y supervisaba el tratamiento tanto en las barracas de hombres como de mujeres; era una verdadera demostración de sus habilidades de gestión. Para fines de 1952, Kalighat había admitido a 449 personas: 226 habían fallecido y 165 habían sido dadas de alta. Ella guardaba registros meticulosamente escritos de cada persona admitida en un hogar al que ella llamaba "la casa del tesoro de Calcuta".

Los ayudamos a partir con Dios. Los ayudamos a pedirle perdón a Dios, a hacer las paces con Él según su fe[17], les decía a sus pacientes. La Madre tenía cuidado de observar los protocolos funerarios para las distintas fes de los fallecidos. Algunos en Kalighat morían a los pocos minutos de llegar a la recepción, pero la mayoría vivían en el hogar por meses y recuperaban las fuerzas, el respeto personal y, en última instancia, la independencia. Todos ellos eran tratados con dignidad y amor; como le agradeció un paciente moribundo una vez a la Madre Teresa: *Yo he vivido como un animal en la calle, pero muero como un ángel, amado y cuidado.*[18]

A medida que la obra de las MC se expandía en la década de 1950, así también el número de hermanas crecía. La Madre Teresa era una superior exigente, pero no les pedía sacrificios a las hermanas que ella misma no estuviera dispuesta a hacer. Era su costumbre de toda la vida ser la primera en llegar a la capilla y la última en llegar a la cama. También requería que todas las que se unieran aprendieran a hablar inglés, de modo que el idioma no fuera una fuente de división en la Casa Madre (en la India existen cientos de idiomas nativos diferentes). A pesar de esa búsqueda de uniformidad, ella adaptaba algunas prácticas del convento a las realidades de mujeres de regiones muy diversas que compartían el hogar. Por ejemplo, las hermanas de Kerala —el estado más al sur de India, donde el cristianismo aterrizó en el subcontinente en tiempos apostólicos y del cual provenían la mayoría de las nuevas MC de la India— luchaban con la comida bengalí occidental de Calcuta. La Madre se adaptaba a ellas permitiendo el chile en las comidas.

A pesar de algunas leves modificaciones, las MC no se desviaban de su aceptación voluntaria de la pobreza. Las hermanas no recibían salario o beneficios de salud, y se les permitía visitar sus hogares solo una vez cada diez años, para evitar el costo del viaje. Las hermanas poseían muy pocas cosas, incluyendo la Madre. Un año antes de su muerte, cuando hizo su testamento, sus efectos personales eran casi nada: tres saris, dos sweaters, un par de sandalias gastadas, su crucifijo y su rosario, su libro de oraciones y su Biblia, una caja de libros de espiritualidad y notas de retiros, y su plato metálico, taza y cubiertos marcados con rojo "Madre", para diferenciarlas de las cosas de las otras hermanas.

Las MC no desperdiciaban nada; comían solamente en el convento. Aunque la modernización y los adelantos tecnológicos estaban transformando el mundo, las MC permanecían aisladas de ellos. Alguien una vez sugirió que ellas debían ser liberadas para ayudar a más pobres usando lavarropas en vez de lavar su ropa a mano; la Madre le respondió que ellas habían tomado un voto de pobreza, no de eficiencia.

Aunque eso es verdaderamente cierto, la Madre Teresa era de todos modos notablemente eficiente en expandir su misión. El permiso del arzobispo Perier de fundar la MC había venido con la condición de que su obra permaneciera dentro de los límites de la arquidiócesis por los primeros diez años, para que las hermanas concentraran sus esfuerzos en

Calcuta y sus alrededores. Ella abrió una clínica de salud para musulmanes, un orfanatorio y creó escuelas temporales para niños. Dirigió leproserías móviles en toda el área y organizó una escuela especial para los hijos de los leprosos. En 1961 comenzó a hacer planes para construir una aldea entera de leprosos, que se llamaría Shanti Nagar o "Ciudad de Paz". En ese sentido escribió:

> *Las condiciones bajo las cuales viven las familias de leprosos son terribles. Desearía poder darles mejores casas, hacerles saber que ellos también son hijos amados de Dios y darles algo por lo cual vivir... Quiero de a poco construir una pequeña ciudad para ellos, donde los leprosos puedan vivir una vida normal.*[19]

Para fines de la primera década de las MC, ciento diecinueve mujeres se habían unido a la Madre Teresa, todas de la India, excepto tres. Las hermanas comenzaron su extensión a otras ciudades, primero en el estado vecino de Bihar, una región intensamente pobre, y luego en Delhi, la capital de la India. En 1965, las MC superaban las trecientas hermanas, y la primera misión fuera del país se estableció en Venezuela. Para 1975, más de mil hermanas estaban ubicadas en ochenta y cinco misiones distribuidas en quince naciones, incluyendo un refugio para los sintecho y un comedor comunitario en el Bronx, en Nueva York, que fue la primera misión de la Madre en Estados Unidos.

Cuando las MC se aventuraron a salir al campo, la Madre reconoció que incluso las hermanas más dedicadas necesitarían ayuda para el cuidado de veinticuatro horas de los leprosos y los moribundos. Ella estableció entonces los Hermanos de la MC en 1963 como una nueva orden de hombres consagrados que tomaron los votos y recibieron guía espiritual de la madre, y en raras excepciones, asistían al seminario. Ellos trabajaban con las hermanas, ayudando especialmente con las tareas más demandantes en lo físico, como llevar a los pacientes de las calles a Kalighat. También les ayudaban a alcanzar a las personas en los barrios más peligrosos. El padre Ian Travers-Ball, un sacerdote jesuita, fue el primer líder de los hermanos. Él tomó el nombre de hermano Andrés y administró la expansión global. Donde las hermanas iban, los hermanos a menudo las acompañaban.

A medida que las Misioneras de la Caridad crecían en número, los honores y condecoraciones comenzaban a alcanzar a la Madre Teresa, primero en la India y luego alrededor del mundo. En 1973 fue galardonada con el Premio Templeton para el progreso en la religión en 1979, y el comité del Premio Nobel la agasajó con su más alto honor, el Nobel de la Paz. El reconocimiento más significativo, sin embargo, llegó a Kalighat el 4 de febrero de 1986, el cual la Madre describió como *el mejor día de mi vida*.[20] El Papa Juan Pablo II vino a Nirmal Hriday y pasó la mañana visitando a cada paciente, sosteniendo firme la mano de la Madre Teresa al abrirse paso por los angostos pasillos que separaban las filas de los moribundos. Él le dio un plato de comida a cinco de los pacientes, y les entregó una bendición individual y un rosario a cada uno de los hombres y mujeres que poblaban los dos pabellones. Se conmovió con las preciosas vidas de las MC y después de su visita, mientras los dos futuros santos estaban de pie uno junto al otro ante la prensa, clamó desde sus entrañas:

Nirmal Hriday proclama la profunda dignidad de cada persona humana. El cuidado amoroso que les brindan aquí da testimonio de la verdad de la dignidad del ser humano, que no se mide por su utilidad o por sus talentos, por salud o enfermedad, por edad, credo o raza.

Nuestra dignidad como humanos proviene de Dios nuestro Creador. Ninguna cantidad de privación ni sufrimiento puede arrancarnos esta dignidad, porque somos preciosos a los ojos de Dios.[21]

Este proyecto de "proclamar la profunda dignidad de cada persona humana" nunca estuvo lejos de la mente de la Madre quien, en su discurso del Premio Nobel, aprovechó la oportunidad para recordarle a todos los dignatarios que *Nuestra pobre gente es en realidad una gente grandiosa, son personas muy amorosas que no necesitan de nuestra lástima y conmiseración, sino de nuestro amor compasivo. Ellos necesitan nuestro respeto y que los tratemos con dignidad.*[22]

Tal vez su agudo sentido de lo primordial que es amar y ser amados era lo que alimentaba el esfuerzo de toda su vida para confrontar la plaga de la soledad que aflige a pobres y ricos por igual. No dudaba cuando le preguntaban por la peor enfermedad que había visto jamás. En su opinión, no era la lepra: era la soledad. *La gente hoy está hambrienta de amor, de un amor comprensivo, que es mucho mayor y la única respuesta a la soledad y a la mayor pobreza de todas,*[23] declaró una vez. La Madre profundizó sobre este punto en su discurso de aceptación al Nobel:

Cuando recojo una persona de la calle, muerta de hambre, le doy un plato de arroz y un trozo de pan, y la sacio. Le he quitado el hambre. Pero una persona que es excluida, que se siente rechazada, no amada, aterrorizada, que ha sido arrojada fuera de nuestra sociedad, esa pobreza es mucho más dolorosa e insoportable. Nuestras hermanas están trabajando entre esa clase de personas en Occidente.[24]

En octubre de 1985, diez semanas después de que la conocí en Calcuta, la Madre Teresa tenía que hablar ante la Asamblea General de las Naciones Unidas en Nueva York. No podía esperar la oportunidad de verla e, invocando el nombre del senador Hatfield, hice trampa para conseguir un boleto y tomé el transporte hasta Nueva York. En ese momento me encontraba en la lucha por reconciliar mi nueva vida de servicio a medio tiempo con las MC en Anacostia con mi vida laboral en los ornamentados salones del Capitolio, y sus palabras esa noche hablaron a mi corazón. *Si Jesús te pone en un palacio, sé Jesús para todo el palacio. Si toma tu vida y la corta en veinte pedazos, todos esos pedazos son suyos, y debes aceptarlo.*

Fui a toda prisa a la recepción que se hizo al final, y esperé en la fila de recibimiento para saludarla y volver a hablarle. Ella no recordaba nuestro encuentro, pero no me importó. Todo lo que me interesaba era poder estar con ella, mirarla a los ojos, sentir la tibieza de sus manos y volver a escuchar su voz.

Ese segundo encuentro con la Madre consolidó mi decisión de ayudar a las MC de cualquier manera posible. El tiempo no podía ser más preciso: la Madre necesitaba un abogado que le ayudara a lidiar con los asuntos burocráticos de abrir su nueva misión en Estados Unidos. Los centros serían manejados por las hermanas provenientes de la India, y todas ellas precisaban visados. Tratar con los burócratas del gobierno era mi especialidad. Las MC que estaban en las sedes del Bronx habían comenzado a llamarme pidiendo asistencia tan pronto se enteraron de que había ayudado a las hermanas de Anacostia con sus visas y otros asuntos legales semejantes. Ya estaba desarrollando una relación con la jerarquía de las MC en Nueva York, y el asunto había llegado a oídos de la Madre Teresa.

Ella necesitaba ayuda para abrir un centro de ayuda para personas con sida en Washington, y aquí yo podía ser útil. El gobierno de D. C. no le estaba ofreciendo la misma cooperación que ella había recibido en Nueva York. Pero la obstinación del intendente fue mi buena suerte, porque cuanto más perduraban las negociaciones, más profundamente me involucraba yo con la comunidad MC. Finalmente, lo conseguimos, y el hogar Regalo de Paz abrió sus puertas en noviembre de 1986, estaba a solo cinco millas (8 km) de la Casa Blanca. A la Madre le agradaba el hecho de que yo trabajara "de cuello blanco" pero también de que ayudara regularmente a las hermanas en el comedor comunitario, asistiera a la Hora Santa en su capilla y a las misas de los sábados. Seis meses después de su discurso en Nueva York, me convocó a una reunión en Anacostia para hablar sobre su próximo viaje. Se sentó junto a una mesa pequeña en el salón que estaba junto a la capilla, y escribió en un trozo de papel de un anotador los nombres de cinco países que deseaba visitar. Luego me entregó su pasaporte diplomático indio y me pidió que le consiguiera las visas. Admito que de tanto en tanto la miraba con incredulidad.

Yo hubiera hecho cualquier cosa que la Madre me pidiera, y pronto fui puesto a prueba, una gran prueba. Regalo de Paz precisaba voluntarios para el horario nocturno, que trabajaran desde las seis de la tarde hasta las seis de la mañana, de modo que las hermanas no se agotaran brindando cuidado las veinticuatro horas del día a los moribundos, hombres y mujeres. La Madre le había recomendado a la hermana Dolores, la primera superiora del hogar, que yo pudiera estar como voluntario una noche a la semana en el pabellón de los varones. Este trabajo era una orden de una magnitud superior a todo lo que me habían pedido hacer anteriormente, incluso en Kalighat. La sarna es una cosa, pero la Madre Teresa me estaba proponiendo cuidar a personas que tenían una enfermedad infecciosa con un cien por ciento de tasa de mortalidad en un tiempo donde nadie sabía con seguridad cómo se transmitía. Yo tenía que decidir si comprometerme o no.

No me llevó mucho tiempo comprender que, si la Madre quería que yo cuidara a personas con sida en su hospicio, entonces ella podía contar conmigo. Llegué a la conclusión de que si las MC no tenían miedo de contraer sida, entonces yo tampoco debía tenerlo. Ese fue un punto decisivo para mí y requirió un salto de fe y cierta medida de coraje bañar a hombres, cambiarles los pañales y verlos consumirse. Un año antes en Calcuta esto, simplemente, me hubiera causado repulsión, pero un montón de cosas habían cambiado en mí desde entonces.

Tenía buena compañía con el primer grupo de voluntarios nocturnos en Regalo de Paz. Cuidábamos a los hombres que venían a pasar sus últimos días con nosotros, comenzando con nuestros dos primeros pacientes, Cliff y Andy. Solo unos pocos duraban más de un par de meses; la muerte venía al hogar regularmente, a veces cuando yo estaba en servicio. Fue una obra intensa, pero hermosa y santa.

CAPÍTULO 5

Una emprendedora nata

Ni siquiera Jesús pudo escoger doce buenos discípulos.

—MADRE TERESA

Durante los dos años siguientes vi a la Madre cada vez que ella venía a los Estados Unidos, tres o cuatro veces en total. Al principio, continué con mi trabajo en el Capitolio, y colaboraba como voluntario para las hermanas en Anacostia o en el hogar para enfermos de sida por las noches y los fines de semana. Pero cuanto más tiempo pasaba con las MC, más claro tenía que mi corazón estaba con ellas y no con el senador Hatfield. Así que, en octubre de 1988 renuncié a mi trabajo en el despacho del senador y me volví voluntario a tiempo completo para las Misioneras de la Caridad. Retiré todo el dinero de mi fondo de pensión del senado para poder continuar pagando la hipoteca de mi madre y cubrir mis propios gastos. Regalé la mayor parte de mi ropa, tiré a la basura los anuarios y otros recuerdos, y guardé lo que quedaba de mis posesiones terrenales en el garaje de un amigo. Me sentí completamente a disposición de Dios y dediqué mi vida y trabajo a las MC. Esta nueva vida me dio numerosas oportunidades de ayudar y comprometerme con la Madre Teresa.

Ya habíamos comenzado a escribirnos con regularidad, y guardaba fielmente todas las cartas manuscritas que me enviaba desde la Casa Madre en Calcuta. Los distintos encabezamientos revelan la trayectoria de la confianza y luego la amistad que comenzó a formarse entre nosotros. En su primera carta, en septiembre de 1985, se dirigía a mí como "Estimado Sr. J. Towey". Catorce meses después, el saludo era "Estimado James" y a los cuatro meses, "Estimado Jim". Para 1989, comenzaba sus cartas con "Mi querido Jim" y hasta tengo una en la que se dirigía a mí como "Jimmy".

Cada carta o conversación con la Madre Teresa durante este período de mi vida me hizo ver el abismo que existía entre su completa rendición a Dios y mi propio discipulado condicional. Me preguntaba si me estaba resistiendo a Dios. La idea de hacerme sacerdote regresó, puesto que parecía el camino seguro de la clase de aceptación incondicional de la voluntad divina que la Madre y las hermanas vivían. Ser voluntario a tiempo completo para las MC me daba incluso la libertad de irme en cualquier momento, a diferencia de las hermanas que estaban comprometidas de por vida. Las mujeres se unían en masa.

Las Misioneras de la Caridad se encontraban en medio de un período de enorme crecimiento. En 1975 las MC tenían más de mil hermanas en ochenta y cinco misiones a lo largo de quince países, pero la congregación seguía enfocada en gran medida en la India. El Premio Nobel hizo a la Madre Teresa una persona muy conocida y, a su orden, un fenómeno global. De repente estaba abriendo más de veinte nuevas misiones por año, el doble que antes, y llegó a alcanzar casi cada rincón de la tierra. En 1984, el año anterior a conocerla, la Madre abrió el hogar número doscientos cincuenta, y la mitad de sus misiones se encontraban fuera de la India. Durante los últimos diez años de su vida, las MC sumaron un promedio de veinticinco nuevas misiones por año, la gran mayoría en territorio extranjero. La cantidad de mujeres que se unían a las MC era tan grande que había doscientos cincuenta en la Casa Madre preparándose para tomar los votos en 1997. La noche en que murió, todas ellas se apiñaron en la capilla y realizaron una vigilia de oración justo al frente del patio de la habitación de la Madre.

Además de las Hermanas y los Hermanos MC, en 1984 la Madre Teresa fue cofundadora de los Padres MC junto con el presbítero Joseph Langford. Un joven estadounidense de California, el padre Joseph, descubrió a la Madre mientras él estaba en el seminario en Roma en 1972. Mientras estaba en una librería, vio su foto en la cubierta del libro de Malcolm Muggeridge sin saber quién era ella. "Vi bondad en su mirada", contó tiempo después. Hojeó el libro e instantáneamente supo lo que quería hacer con su vida. Había provocado en él *una nueva esperanza en lo mejor de la humanidad y en mí mismo*.[25] Le escribió a la Madre y comenzó a trabajar como voluntario con las hermanas. Ella asistió a su primera misa en 1978 y dos años después, con el permiso de la Madre, organizó un grupo mundial de sacerdotes para avanzar con la misión y la visión; más tarde se convertiría en los Padres MC. La Madre una vez me dijo que nadie entendía la espiritualidad del "Tengo sed" tan bien como él.

Ella veía la necesidad del servicio sacerdotal como parte de la misión MC. Además de poner manos a la obra en las misiones, los Padres MC ayudaban con las necesidades sacramentales y espirituales tanto de los pobres como de las hermanas. La orden comenzó en el Bronx con tan solo dos

sacerdotes —el padre Joseph y el padre Gary Duckworth—
y el seminarista Brian Kolodiejchuk, y continuó siendo un
grupo pequeño y selecto. Al igual que los Hermanos MC,
que habían trabajado junto a las Hermanas desde 1963, los
Padres MC inicialmente estamparon su forma de vida y planificación al estilo de las Hermanas, pero con el tiempo en-
contraron su identidad propia y definida. Las tres ramas de
las MC siempre han trabajado bien juntas, unidas con un
propósito y una fundadora en común.

El día a día de la Madre consistía mayormente en interacciones con un círculo íntimo de hermanas y amigos. Con
el paso de los años el círculo se expandía o contraía depen-
diendo de las necesidades de la misión y de su estado de salud.
Su grupo central estaba compuesto por cinco hermanas que
fueron elegidas por el consejo de administración MC, y las
hermanas superioras y los Padres MC con quienes viajaba.
También trabajaba estrechamente con un puñado de terce-
ras personas que tenían conocimientos o contactos que ella
no tenía. Durante los primeros años, por ejemplo, el doctor
Senn fue crucial para el cuidado de los leprosos de Calcuta
por parte de las Misioneras de la Caridad, y Eileen Egan, un
miembro del equipo de Servicios de Auxilio Católico, facilitó sus esfuerzos para la distribución de alimentos.

No había nadie más indispensable para la Madre para
navegar los complejos asuntos internos de la India que los
Kumars. Naresh Kumar, el mejor jugador de tenis de su generación, era un respetado hombre de negocios. Su esposa,
Sunita, era una pintora autodidacta y madre de tres niños, y
conoció a la Madre a mediados de 1960 mientras preparaba
paquetes con medicinas para los leprosos. Se hicieron amigas inmediatamente. En su primera visita juntas a Kalighat,
la Madre le aconsejó a Sunita: "No pienses en ellos como

personas que se están muriendo. Tan solo sonríeles y ellos también te sonreirán".

El hogar de los Kumar era la única residencia privada en Calcuta que la Madre Teresa visitaba con cierta regularidad. Cuando necesitaba ayuda telefónica confiable para hacer un llamado privado al Vaticano, golpeaba su puerta. Cuando la Madre o las hermanas estaban enfermas, los Kumar hacían los arreglos con los hospitales de la zona y los doctores. Cuando la Madre estuvo a punto de morir en 1989, los Kumars hicieron las gestiones para obtener una visa de emergencia por parte del consulado indio en la ciudad de Nueva York y en medio de la noche, para que un médico estadounidense pudiera llegar a Calcuta a toda prisa. El arriesgado procedimiento que realizó para quitar el alambre infectado de su pacificadora le salvó la vida. Cuando la Madre murió ocho años después, Sunita dio la noticia a todo el mundo en una conferencia de prensa organizada apresuradamente en la Casa Madre, con la hermana Nirmala, la sucesora de la Madre, a su lado. Hasta el día de hoy, se desempeña como secretaria de prensa extraoficial para las MC, ayudándoles a responder a las preguntas de los medios de comunicación.

Con la expansión global de las MC en la década de 1970, la Madre necesitaba una nueva clase de ayuda y en mayor cantidad. Sandy McMurtrie conoció a la Madre en 1981, cuando intentaba volver a unir las piezas de su vida tras un doloroso divorcio. Había visto un artículo periodístico sobre la Madre Teresa e "inmediatamente pensé en que conocerla nos ayudaría a mis hijos y a mí a atravesar este tiempo difícil y a acercarnos más como familia", recuerda. Su familia le ayudó a cuidar a sus tres hijas y así pudo emprender un viaje con los Servicios de Auxilio Católico, en la esperanza de conocer a la diminuta monja. El destino las colocó a las dos en el mismo vuelo desde Hong Kong a Calcuta, y nada menos que en la misma fila. Sandy se presentó a la Madre Teresa en la zona de recogida de equipaje y la invitaron al convento de las MC para la mañana siguiente. Cuando llegó, enseguida la pusieron a trabajar. "Aunque yo era una extraña, me hizo parte", recuerda Sandy. "Comenzó a incluirme en sus actividades diarias, como si fuéramos viejas amigas".

La estadía de un mes de Sandy en Calcuta la llevó a diecisiete años como amiga, confidente, benefactora y acompañante de viaje frecuente de la Madre Teresa. Estuvo a su lado durante las décadas de 1980 y 1990, cuando la Madre estableció las misiones en más de veinte ciudades estadounidenses. La acompañó a las reuniones con los presidentes Ronald Reagan, George H. W. Bush y Bill Clinton, y sujetó su silla de ruedas en un escenario improvisado en la Sala Nacional de las Estatuas del Capitolio de los Estados Unidos cuando a la religiosa de ochenta y siete años le otorgaron el honor más alto del Congreso. Debido a sus propias obligaciones en su hogar, Sandy raramente viajaba al extranjero con ella, pero cuando la Madre se reunió durante dos horas con Fidel Castro en La Habana, Sandy estuvo allí.

Esta cercanía con la Madre solo se comparaba con la de Jan Petrie, que viajó por todo el mundo con la Madre e intercedía por ella ante los medios de comunicación y los líderes religiosos y civiles. Jan, una canadiense, coprodujo con su hermana Ann el magistral documental *Madre Teresa*. La Madre Teresa trataba a Jan y a Sandy como hijas, por no decir hermanas de la orden, al darles incluso acceso a algunas áreas privadas dentro de sus conventos.

Los Kumars, Sandy y Jan se alternaban como guardianes, asistentes en los viajes y protectores a medida que la Madre interactuaba cada vez más con el mundo secular durante las últimas dos décadas de su vida. Me concedieron la entrada a su círculo íntimo para proveer asistencia en los asuntos legales y gubernamentales. Esto no era un club social; la Madre fue una profesional hasta el final. Si la hubiese conocido en 1975 cuando solo tenía la misión del Bronx, en lugar de conocerla una década más tarde cuando estaba abriendo numerosos hogares para enfermos de sida y luchando con los asuntos de inmigración, habría tenido poco contacto directo con ella y nunca habría podido entablar una amistad.

Pero una de las cosas que aprendí fue que la Madre Teresa era una emprendedora nata; un aspecto de su talento que a menudo pasa desapercibido. Dirigía un imperio multinacional de mujeres que hacían el trabajo más miserable del planeta sin recibir ningún salario, sin beneficios y sin ningún entrenamiento elaborado. Para cuando ella murió, tenía 3 842 hermanas, 373 hermanos y trece padres que se ocupaban de más de seiscientos cincuenta comedores sociales, centros de salud, leproserías y refugios para los pobres y enfermos desesperados, en ciento veinte países, sin ningún costo para aquellos a quienes ayudaban y sin ningún tipo de fondo público. La Madre Teresa atribuía el éxito de sus negocios a la providencia divina, y considerando los obstáculos lingüísticos, culturales y religiosos que superó, resulta difícil cuestionarlo. Claramente había sido creada para este propósito. ¿De qué otra manera podría una adolescente albanesa haber crecido para lograr todo esto y convertirse en un símbolo universalmente reconocido del amor de Dios en la tierra?

El rápido crecimiento de las MC significaba que la Madre necesitaba ayuda con los asuntos terrenales, y tuve el honor de solucionar problemas para ella con regularidad. Durante los doce años que siguieron a mi breve encuentro con la Madre Teresa en Calcuta, gradualmente fui asumiendo responsabilidades cada vez mayores como su asesor legal gratuito en los Estados Unidos, y manejando los asuntos que ella o las hermanas me solicitaban.

Muchos años después trabajé para el presidente George W. Bush como director de la Oficina de la Casa Blanca para Iniciativas Religiosas y Difusión Comunitaria. Cada vez que el presidente me presentaba en eventos públicos, siempre bromeaba: "Towey solía ser el abogado de la Madre Teresa. ¿En qué clase de mundo vivimos para que la Madre Teresa deba tener un abogado?". Parece absurdo, pero las personas con frecuencia abusaban de su amabilidad para obtener ganancias, y algunas lo siguen haciendo hasta el día de hoy.

Este es un ejemplo: en 1987, la Madre viajó a los Estados Unidos para dar un discurso por pedido de un arzobispo. El sacerdote que la recibió en el aeropuerto era suave como la seda, y apareció con una limusina (en la que la Madre se negó a ir). En el lugar del evento, cuando los trasladaban hacia un escenario, el sacerdote, de repente, la desvió hacia un estudio fotográfico improvisado ubicado en una habitación contigua. Le dijo que la foto era simplemente para el periódico católico local y colocó delante de ella una planilla para darle permiso de publicarla a la arquidiócesis. Ella la firmó a regañadientes; pensaba que no era correcto cuestionar a un sacerdote a menos que tuviese alguna razón para desconfiar de él.

A la Madre no le gustaba que le sacaran fotos bajo ninguna circunstancia y esta sesión inesperada la había molestado más de lo normal; por ese motivo, el retrato se pareció a la fotografía de un prontuario. Dio su discurso y se fue. No pensó nada acerca de este extraño intercambio hasta tres años después, cuando comenzaron a aparecer anuncios publicitarios en la mayoría de los periódicos de todo el mundo. Uno de ellos en el *Washington Post* decía: *La Madre Teresa, uno de los tesoros vivientes de este mundo ha autorizado, por primera vez, que su retrato aparezca en esta edición especial de impresión litográfica del coleccionista.* El sacerdote y el fotógrafo habían conspirado para vender millones de estos retratos "autorizados" a fin de cubrir las necesidades de la arquidiócesis —que comenzaban con un órgano nuevo de doscientos mil dólares— y amasar una pequeña fortuna para dos inversores. La Madre quería que yo detuviera ese plan. Y lo que era más importante, quería que cualquier disputa con el arzobispo se solucionara con discreción: "Prohíbo que sea público. Esto involucra a la Iglesia, y no quiero que nadie lastime a la Iglesia. Debes ser cuidadoso". Alcanzamos un acuerdo, cuyos términos siguen siendo confidenciales, pero las fotografías fueron destruidas y el sacerdote se disculpó por haberla engañado. Ella se alegró cuando la llamé para darle las buenas noticias.

Este caso y otros tantos muy parecidos eran la razón por la que la Madre Teresa necesitaba un abogado. Tampoco era el único abogado a su servicio. Las MC tenían cientos de misiones alrededor del mundo cuando conocí a la Madre y a menudo tenían que contratar abogados locales. Ya tenían una fantástica abogada gratuita en los Estados Unidos, Dianne Landi, cuyo despacho se encargaba de los asuntos inmobiliarios y de negocios para las MC. Pero durante los últimos doce años de su vida manejé la mayoría de los asuntos legales que se le presentaban, tales como temas de inmigración para los cientos de hermanas que venían a los Estados Unidos, regulaciones del gobierno para las misiones que abría, recaudaciones de fondos a su nombre no autorizadas y el uso ilícito de su nombre o imagen.

Esta última categoría hacía el trabajo más interesante. Es bastante raro ser una persona muy conocida en todo el mundo, aún más extraño que la fama se deba a algo que casi todos admiran. Así que no era de sorprender que una gran cantidad de personas y empresas quisieran aprovecharse de su fama.

Algunos casos eran graciosos, como un aerosol para el mal aliento llamado "Mother Teresa Breath Mist" [Aerosol para el aliento Madre Teresa], fabricado en Pittsfield, Massachusetts, que prometía "purgar los demonios del mal aliento". La etiqueta también decía: "Ten compasión por tus amigos y vecinos... libérate del impío azote de la halitosis". La Madre se rio mucho y yo le puse fin al aerosol para el mal aliento.

Otros eran perdonables, como el negocio de Missouri que vendía muñecas de las "Misioneras de la Caridad" como parte de "las bendiciones de una colección de muñecas monjas". La figura estaba vestida con el sari blanco y celeste característico de la Madre Teresa y llevaba una etiqueta con el precio de 189 dólares. Los dueños del negocio eran unos católicos devotos y como la muñeca no había sido nombrada como ella, la Madre decidió permitir que continuaran vendiéndola.

Algunas empresas pedían permiso por anticipado para utilizar su nombre y su imagen, mientras que otras pedían disculpas después. Samsung Electronics le solicitó permiso a la Madre Teresa antes de lanzar una campaña de marketing en Corea del Sur con una foto de ella y la siguiente leyenda: "Samsung piensa en la responsabilidad hacia la sociedad antes que en sí misma". Tylenol no lo hizo antes de lanzar una publicidad que incluía una fotografía de la Madre Teresa al lado de Abraham Lincoln, Benjamin Franklin y John F. Kennedy, e invitaba al lector: "Imagínate a ti mismo en medio de estos líderes". Pusimos fin a ambas publicidades.

Hubo casos en que nada se pudo hacer para detener el uso fraudulentos de su nombre. Durante las Guerras de los

Balcanes a mediados de la década de 1990, la Organización humanitaria de la Madre Teresa operaba en centros de salud en Croacia que, al parecer, realizaban abortos y usaban camiones estampados con el nombre de la Madre para transportar alimentos y contrabandear armas para los combatientes. Las MC apelaron ante el gobierno de los Estados Unidos y las organizaciones de ayuda, incluyendo la Cruz Roja Internacional, pero nadie pudo detenerlo.

Los esfuerzos para utilizar el nombre de la Madre no cesaron después de su muerte. En 1998, Steve Jobs escribió una carta de admiración a las Misioneras de la Caridad en la que les preguntaba si podía utilizar la imagen de la Madre en la campaña "Piensa diferente" de Apple, para honrar a "los grandes pensadores e inspiraciones del siglo xx". Deseaba nombrarla una de las "genias" de Apple en una publicidad con la famosa foto de una radiante Madre Teresa observando un niño que sostenía sobre su cabeza. Escribió: "Es mi deseo que nuestro uso de la imagen de la Madre Teresa haga que la luz que brilla en el corazón de las personas resplandezca aún más". Las MC no lo permitieron. No se sentían cómodas con el hecho de que se asociara a la Madre con una campaña secular, particularmente, una campaña realizada por una compañía conocida por su postura social progresista.

Otras organizaciones tenían intenciones menos nobles. En 1997, una organización de ayuda internacional, *Food for the Poor* [Alimentos para los pobres] engañó a los hogares de las MC en el Caribe para que les enviaran una lista con sus necesidades y luego, justo antes de la primera Navidad después de la muerte de la Madre, enviaron esos requerimientos por correo publicitario de recaudación de fondos a trescientas mil personas. "Con tu ayuda, las Misioneras de la Caridad tendrán lo que necesitan... Ahora como nunca necesitan nuestras oraciones y apoyo", afirmaba la petición. Las arcas de *Food for the Poor* recibieron casi un millón de dólares antes de que pudiéramos detener esta vergonzosa convocatoria. El dinero fue entregado a las MC.

Las interacciones de la Madre con los gobiernos locales eran igualmente variadas. Conocía bastante bien al alcalde de la ciudad de Nueva York, Ed Koch, por sus diversas interacciones durante sus tres años de gestión. De hecho, cuando él se estaba recuperando de un derrame cerebral leve en 1987, ella lo visitó en su casa para saber cómo se encontraba y también para sorprenderlo con el pedido de dos espacios de aparcamiento reservado delante del hogar para enfermos de sida en Greenwich Village. Justo antes de las elecciones primarias democráticas de la ciudad de Nueva York en 1989, él le vendió dos edificios deteriorados en el Bronx —que la ciudad había embargado por impuestos atrasados— a un dólar cada uno. Ella planeaba utilizar esas propiedades para alojar a los que venían del comedor popular cercano y del refugio de los sintecho que las MC habían administrado por una década sin costo alguno para el gobierno.

Koch perdió la carrera y su sucesor en el cargo, David Dinkins, insistió en que las MC instalasen un ascensor para minusválidos en uno de los edificios, con un costo adicional de veinticinco mil dólares. La Madre se opuso y dijo: "No necesitamos un ascensor. Podemos levantar a cualquier persona que no pueda subir la escalera. Ese dinero podría utilizarse para sostener un centro de alimentación en África durante un año". Me envió a Nueva York para llevar el mensaje.

El Departamento de Nueva York para personas con discapacidad no iba a ceder, así que la Madre decidió devolver los edificios a la ciudad. No quería avergonzar al nuevo alcalde ni comprometer la buena relación que tenía con los funcionarios de la ciudad, sin embargo, así y todo en la carta que envió para devolver los edificios a la ciudad, le agradeció a Dinkins: "Desde el primer momento en que llegué a Nueva York todos en la ciudad, los funcionarios, la policía, tantas personas, fueron muy amables y estoy muy agradecida a usted y a todos los líderes y funcionarios que nos han ayudado". A pesar de sus esfuerzos por mantener la discreción, el *New York Times* se enteró del asunto y escribió una historia titulada: *¿Pelear contra el Ayuntamiento? No. Ni siquiera la Madre Teresa.* Aun así los edificios fueron devueltos a la ciudad.

Incluso en los asuntos más mundanos —aquellos relacionados con el dinero— la Madre era inamovible cuando se trataba de las MC y los necesitados. En una disputa particularmente complicada, una mujer estadounidense dejó en su testamento 1,2 millones de dólares a las Misioneras de la Caridad "para el cuidado y el consuelo de los más pobres y desposeídos de Estados Unidos". Había nombrado a un sacerdote como albacea, y luego de su muerte en 1987, el religioso inmediatamente contrató a un abogado para desviar ese dinero a las caridades de su propia diócesis. También desvió sesenta y siete mil dólares para sí mismo como salario y gastos. Al cabo de cuatro años no había soltado ni un centavo para la MC.

Hasta solicitó la ayuda del arzobispo de Calcuta para hacer que las MC renunciaran a su participación en la donación. La Madre le envió al sacerdote una carta de rechazo y le pidió que "amablemente entregara el legado a nuestras hermanas del Bronx para que ese dinero sea utilizado de acuerdo con las intenciones de la donadora". Sin inmutarse, el sacerdote cambió la estrategia y le solicitó una porción no especificada del legado, que solo fortaleció el compromiso de la Madre. En su respuesta manuscrita, por primera y única vez en los años en los que la representé, mencionó ante mi pedido la posibilidad de ir a juicio: "Me aconsejaron que si no podíamos solucionar este asunto con prontitud, será necesario llevar el asunto ante un juez. Espero y oro para que podamos evitarlo".

El sacerdote no se conmovió. Ofreció liberar los fondos a cambio de que la Madre donase doscientos cincuenta mil dólares a las organizaciones de caridad católicas que él lideraba. Llamé a la Madre en Albania y le hice un resumen de la situación. A pesar del pedido de rescate por parte del sacerdote, la Madre se negó a ir a juicio y armar un escándalo para la Iglesia. Apeló, en cambio, al obispo diocesano al escribirle: *Nunca en mis cuarenta y un años en la Iglesia, las Misioneras de la Caridad se vieron obligadas a pagar dinero —por parte de un sacerdote consagrado— para obtener los recursos que legalmente nos pertenecen.* Nos reunimos incluso con un cardenal estadounidense esperando solucionar el problema dentro de la jerarquía eclesiástica. Pero en cuestión de meses el abogado del cardenal me hizo saber que Su Eminencia no estaba en condiciones de intervenir, y peor aún, que el sacerdote estaba dispuesto a ir a juicio para obtener los beneficios de la herencia.

En un último y desesperado esfuerzo para poner fin al conflicto de forma privada, la Madre me pidió que organizara una reunión para nosotros dos con el sacerdote y su abogado durante el verano de 1992, cuando iría a Baltimore a inaugurar un hogar para enfermos de sida. Justo después de que llegaron a la reunión, la Madre decidió hablar con ellos a solas. "Mejor te quedas en la capilla y oras mientras la Madre maneja esto", me dijo. Sentía como si la estuviera dejando caminar sola hacia la boca del lobo, pero ella no necesitaba mi ayuda.

Media hora después, los tres salieron de la sala y se saludaron amigablemente. "Ahí lo tienes; terminado", dijo. "Aceptaron que nos quedemos con todo el dinero". Yo estaba sorprendido y le pregunté cómo lo había hecho. Lo único que me respondió fue: "Agradece a Dios".

CAPÍTULO 6

El llamado

Yo puedo hacer cosas que tú no puedes, tú
puedes hacer cosas que yo no puedo; juntos
podemos hacer grandes cosas.

—MADRE TERESA

La Madre Teresa era una mujer enamorada. Jesús era su todo. Pero no puede exagerarse el nivel en que dependía de la intercesión de su madre María desde los cielos. La base teológica de la devoción mariana de la Madre Teresa era simple: "Sin María, no hay Jesús". Los documentos constitutivos de las MC son igualmente claros: "Sin nuestra Señora no podemos estar de pie".

Al igual que muchas otras buenas mujeres católicas antes y después de ella, la Madre moldeó su vida conforme a María. Pero muy pocas, si las hay, han logrado parecerse tanto a la Santa Madre. Al igual que María, nació para ser una virgen y una madre. Aunque no tenía ningún hijo propio (un doloroso sacrificio del que hablaba abiertamente), su maternidad se extendió por todo el mundo. Comenzó con las Misioneras de la Caridad, se propagó hacia sus amados pobres, tocó a aquellos afortunados que trabajaron con ella y hasta alcanzó a muchos que solo la conocían por los medios de comunicación.

Padre, mis hermanas son un regalo de Dios para mi vida, todas y cada una de ellas son sagradas para mí, le escribió a uno de sus directores espirituales. *Esa es la razón por la que las amo más que a mí misma. Ellas son una parte de mi vida.*[26] Cuando la Madre y yo llegábamos en coche a alguna de sus misiones, las monjas solían salir gritando de alegría. Saludaba a cada hermana como si fueran un hijo amado, mirándolas a los ojos y sosteniéndoles la cara mientras les impartía su bendición. Recuerdo haber dejado a la Madre a las diez de la noche en un convento de México después de un largo día. Estaba agotada, pero aun así no podía esperar a ver a sus hermanas. Mientras la acompañaba hacia la puerta, pude ver una larga fila dentro esperando a su Madre. Cada una de ellas quería estar con ella a solas, y ella disfrutaba de su compañía. El descanso podía esperar.

Y solía ser así. Nunca se quejaba de lo poco que dormía, a pesar de que se levantaba antes de las cinco de la mañana, al igual que sus hermanas, y casi nunca se acostaba antes de la medianoche. A menudo la veía restregarse los ojos para mantenerlos abiertos, pero nunca presencié ni una pizca de mal humor por causa de la falta de sueño. Les exigía a las hermanas que fueran alegres y ella misma las guiaba con el ejemplo.

La vida como monja se dio en la Madre de forma natural. Desde el día en que llegó a la India nunca dudó ni miró hacia atrás. Aun cuando todavía se encontraba en el convento de Loreto, era conocida por su ética de trabajo: no se permitía a ella misma tener casi ningún tiempo de inactividad. Creía que si la madre embarazada de Dios pudo montar un burro e ir deprisa hacia un lugar lejano para ayudar a su prima

Isabel,[27] entonces ella debía tener el mismo sentido de urgencia en tratar a aquellos que sufrían en los barrios marginados cercanos.

Para los pobres y los no deseados, el amor de la Madre era ilimitado. La hermana Clara contaba la historia de un niño huérfano que la Madre cuidaba: "Encontramos al niño comido por hormigas negras, estaba tirado en un tacho de basura; era un recién nacido". El bebé estaba vivo, pero no había ningún lugar dónde llevarlo, así que las hermanas lo llevaron a vivir con ellas. Tenía la piel de color negro oscuro, y la Madre lo llamó Kalo Bhaluk, un diminutivo bengalí que significaba "oso negro". Después de pasar el día en Kalighat, le encantaba regresar a casa y tenerlo en brazos. Se ocupaba del último asunto del día con el bebé en un brazo.

La Madre Teresa se aseguraba de que las hermanas se trataran unas a otras con amabilidad. Cierta vez, cuando la hermana Mónica reconoció que le había hecho daño a otra hermana, la Madre le dijo que se disculpara. Mónica fue obedientemente, pero encontró a la otra hermana dormida. Pensando que ya estaba disculpada, volvió a informarle con alegría a la Madre, que insistió y le dijo: "Despiértala suavemente y discúlpate".

Al igual que muchas madres, consentía a las hermanas y a sus amigos. Una vez, cuando estábamos juntos en México, se dio cuenta de que yo no había almorzado. Y a pesar de insistirle en que comería después, fue a la cocina, untó un poco de mantequilla de maní en dos rebanadas de pan y dijo: "Muy bien, aquí tienes. Ahora come esto". Luego guardó tres bananas en el bolsillo de mi abrigo a pesar de mis protestas, lo cual le parecía muy gracioso. En otro momento, resultó que estábamos juntos el martes de carnaval, víspera de la Cuaresma, y la Madre insistió en que lo celebrase con una taza de café (estábamos con los Padres MC, que usualmente solo sirven té). Se empeñó en que le pusiera azúcar: "Está muy oscuro", dijo. Colocó un panecillo en mi plato, y luego media toronja, y me miró hasta que terminé de comer todo.

Su corazón maternal sufría cuando sus niños sufrían. Solía sentarse en la cabecera de la cama de las hermanas enfermas y les colocaba compresas frías para combatir la fiebre alta de la malaria y les daba el consuelo de la caricia de una madre. A la hermana Leonia la había mordido un perro y contrajo rabia. Las hermanas la observaban mientras sufría los espasmos y daba alaridos, típicos signos de esta temida e incurable enfermedad. La Madre permaneció a su lado durante las últimas cuarenta y ocho agonizantes horas de su vida.

La Madre tenía una extensa familia espiritual y la partida de aquellos a quienes amaban en esta tierra le desgarraba el corazón. Se afligió por la muerte del padre Celeste van Exem en 1993, su guía espiritual durante los años en que dejó Loreto y considerado por algunas personas el cofundador de las MC. Luego la hermana Agnes, la primera muchacha en unirse a las MC, en 1949, murió justo cinco meses antes que la Madre en 1997. La Madre llamaba a Agnes su "segundo yo" y apenas podía soportar semejante dolor.

La hermana Sylvia, que era muy cercana a la Madre y supervisaba los hogares de las MC en los Estados Unidos, viajaba junto con la hermana Kateri cuando los neumáticos defectuosos de una combi de pasajeros explotaron en una carretera interestatal cerca de Washington en 1995. Ambas murieron en el accidente. Una hermana de las MC, que estaba en Calcuta esa noche en el momento del accidente fatal, me contó que la Madre Teresa se despertó en la Casa Madre y les preguntó a las hermanas de la habitación contigua: "¿Quién está llorando? Escucho llorar a una hermana".

La fe de la Madre en la providencia de Dios la llevó a través de esta y otras incontables tragedias, incluyendo algunas personales, como tener que separarse de su familia. Su madre y sus hermanas mayores vivían en Albania cuando el país cayó bajo el cruel régimen del dictador comunista Enver Hoxha en 1946. Quedaron atrapadas detrás de la Cortina de Hierro. El correo tenía que entrar y salir del país ilegalmente y la Madre no tuvo noticias de su familia por once años. Cuando finalmente supo algo sobre ella en 1957, la Madre Teresa le escribió a un amigo: *Recibí una larga carta de mi anciana madre. Finalmente recibieron noticias mías; recién ahora pudo enterarse de las Misioneras de la Caridad. En 1948 supo que yo vivía en Loreto —y luego no supo nada más— así que ella creía que me había muerto.*[28] El período de silencio había sido insoportable para las dos.

Su madre le escribió: "Quiero verte antes de morirme. Es la única gracia que le pido a Dios". La Madre Teresa decidió cumplir ese deseo. En 1965 acudió a la embajada de Albania en Roma para implorar que le dieran permiso para que su madre y su hermana abandonaran el país. Le dijo al funcionario albano:

> *Vine como un niño buscando a su madre. Luego le expliqué que mi madre es anciana y está enferma. Tiene ochenta y un años y anhela verme tanto como yo a ella luego de muchos años. Le dije que yo no podía hacer nada, y que solo los albanos podían darle el permiso para viajar a Roma.*[29]

A pesar de que el funcionario se conmovió hasta las lágrimas ante este desesperado pedido, su gobierno le negó la petición. La Madre Teresa recibió la mala noticia con su característica confianza en Dios, pero no negó la carga emocional con exactitud. "No sabes lo que el sacrificio de no ver a mi madre ha conseguido para mis hermanas", escribió tiempo después. "El sacrificio de ella y el mío nos llevará más cerca de Dios".

En julio de 1972 la Madre Teresa recibió la noticia de que su madre había fallecido. Su hermana, Age, falleció un año después. Después de la muerte del dictador Hoxha en 1985, la Madre Teresa finalmente pudo viajar a Albania y hacer que los restos mortales de su madre fueran inhumados junto con los de Age. Esperarían la eternidad una al lado de la otra. La Madre colocó un crucifijo en cada una de las tumbas y las besó.

Afortunadamente, su hermano Lázaro se había mudado a Italia antes de que cayera la Cortina de Hierro, y cuando la Madre comenzó a viajar al exterior pudo visitarlo a él y a su familia. La hija, Agi Guttadauro, había crecido escuchando las historias de su padre acerca de su hermana menor Agnes: cómo ella le pasaba la comida de contrabando cuando a él lo mandaban a la cama sin cenar por haberse portado mal, y cómo ella, su pequeña hermana, a veces le hacía la tarea del colegio. Agi fue lo más cercano que estaría la Madre Teresa de tener una hija biológica. La Madre los visitaba cada vez que iba a Italia y se deleitaba del tiempo que pasaban juntos. Fue un gran sacrificio para la Madre privarse de tener su propia familia. Pero era una madre para sus hermanas y amigos, incluyéndome. También ayudaba a sus hijos espirituales a discernir su vocación, fuera o no religiosa, y a rendirse por completo a la voluntad de Dios, al igual que ella.

Era una vida difícil, y no todas a quienes les gustara estaban llamadas a ser hermanas.

En 1987 mi futura esposa, Mary Sarah Griffith, suspendió sus estudios en Davidson College y viajó a Calcuta buscando a la Madre y una dirección para su vida, tal como yo lo había hecho dos años antes. Desesperada por llenar el persistente vacío espiritual, había decidido pasar el invierno en Calcuta mientras servía y oraba al lado de la Madre Teresa y las hermanas.

Arribó después de que el hostal de la Asociación Cristiana de Mujeres Jóvenes había cerrado por la noche así que, en su primera noche en Calcuta, durmió sobre el pavimento. Durante los dos meses siguientes, trabajó en una silenciosa oscuridad en las misiones de las MC; comenzaba y finalizaba los días en la capilla de la Casa Madre donde a menudo se sentaba cerca de la Madre Teresa. Nunca se presentó ante ella, pero la estudiaba atentamente.

Mary regresó a su casa en los suburbios de Washington D. C. convencida de que Dios la estaba llamando a ser monja. Se puso en contacto con el hogar de las MC en el Bronx y la hermana Frederick se alegró con la noticia. Le ordenó a Mary que estuviera un tiempo en el hogar para enfermos de sida Regalo de Paz, que acababa de abrir en D. C., y que trabajara y orara con las hermanas hasta el mes de mayo en que se admitía a las nuevas candidatas. Mary se volvió una voluntaria residente en Regalo de Paz, y fue allí donde la vi por primera vez, con el trapeador en la mano, fregando el piso.

A través de las hermanas supe acerca de los planes de Mary de entrar en las MC, y la admiraba por ello. Cada tanto me cruzaba con ella en el comedor benéfico donde yo hacía tareas nocturnas con los hombres en el piso de arriba, pero no hablábamos. Siempre había prisa por recibir a los residentes y acomodarlos para pasar la noche y, además, no recomendaban charlar con las hermanas o las mujeres como Mary que estaban esperando su nombramiento. A menudo a los muchachos jóvenes que no eran sacerdotes no se les daba acceso a la Madre ni a las hermanas. Yo tenía mucho cuidado de mantener una distancia de seguridad con las mujeres.

No pude evitar prestar más atención a Mary luego de verla reír. Cerca de un mes después de que entró al convento del Bronx, las hermanas decidieron entretener a los residentes de Regalo de Paz con una pequeña interpretación de la aparición de la Virgen María ante la joven de catorce años Bernadette Soubirous en Lourdes, Francia, ocurrida en 1858. Las hermanas le dieron su apoyo a Mary para que la dirigiera y nombraron a dos residentes, Nila y Debbie, para que protagonizaran la producción. Al igual que todos los demás, ambas tenían sida. Habían sido drogadictas y prostitutas, y habían sobrevivido a muchas dificultades, pero el amor de las hermanas de Regalo de Paz lentamente estaba ablandando esos bordes filosos. Nila iba a interpretar a la Santa Madre y Debbie a la joven Bernardette.

El día de la obra los residentes se reunieron; eran cerca de veinticinco en total, y de pie contra las paredes se encontraban las hermanas y los voluntarios que habían venido a disfrutar de la función. Mary estaba hermosa, tenía en las manos los apuntes de directora y vestía un suéter rosa y una falda estampada con flores. Les dio la bienvenida a todos y leyó la introducción de la obra. Debbie recogía flores imaginarias cuando Nila apareció en una gruta improvisada, cubierta la cabeza con un velo celeste y un halo. Debbie recitó la primera línea tal como lo habían ensayado: "¿Cómo te llamas?". Se suponía que Nila debía responder tal como lo había hecho la Santísima Virgen en 1858: "Soy la Inmaculada Concepción". En cambio, dijo: "Hola, soy Nila".

Debbie enseguida replicó: "Tú, perra estúpida. Se suponía que debías decir: 'Soy la Inmaculada Concepción'". La audiencia dio un grito. La discusión entre las dos se volvió más acalorada. Mary Griffith se cubrió la cara y comenzó a reírse. Yo hice lo mismo. Fue inolvidable.

Unos días antes de que Mary se fuera del Bronx tuvimos una cena de despedida en un restaurante tailandés. Fue una idea lo suficientemente inocente de mi parte porque ambos teníamos la intención de entregar nuestra vida por completo a Dios y a nadie más. Me contó que creía que Dios la estaba llamando a tener una vida religiosa como monja y le expresé que yo estaba considerando seriamente entrar al sacerdocio. Estoy seguro de que fue una cita espiritual y nada más. Antes de irse para siempre, me envió una copia de otro libro de Malcolm Muggeridge, *Jesus Rediscovered* [Jesús redescubierto].

Mary Griffith se convirtió en la hermana Katrina en junio de 1988 y entró en la vida del convento de las MC. Cinco meses después, dejé mi trabajo en la oficina del senador Hatfield y fui a vivir con los Padres MC en el seminario de Tijuana, un lugar que la Madre Teresa describía como *una enorme ciudad de pobreza*.[30] El padre Joseph, el director de los Padres MC, me acogió bajo sus alas mientras trabaja a tiempo completo para la Madre. Mi vida en México era muy parecida a la que Mary tenía en el Bronx. Había un horario reglamentado y facilitaba un largo tiempo para la oración y el trabajo, pero poco para el descanso. Las necesidades de las familias del barrio donde vivían los padres eran inmensas. Cuando no estaba empacando *las compras* —las bolsas con alimentos básicos que entregábamos dos veces por semana— o visitando hogares, estaba trabajando en los proyectos que la Madre Teresa o el padre Joseph me asignaban. Por momentos hablábamos sobre el discernimiento vocacional, la oración y la espiritualidad de las MC. También intercambiábamos impresiones sobre la reciente elección de George H. W. Bush y lo que ello podría significar para nuestro país de origen.

Viajé con frecuencia con la Madre durante el año que estuve con los Padres MC. En junio de 1989 la acompañé a Memphis, donde abrió un nuevo hogar, y luego a Washington D. C. Mientras esperaba a la Madre en la sala de estar de Regalo de Paz, vi a Mary Griffith cruzar la puerta de entrada. Yo estaba asombrado: no vestía el sari blanco que usaba cuando era postulante para las MC, sino que llevaba puesta ropa común. Se sentó a mi lado y le pregunté por qué estaba de vuelta en Washington. Me explicó que la hermana Frederick le había dicho que no tenía la vocación de una MC, y había venido a apelar esta decisión directamente con la Madre Teresa. A los pocos momentos apareció la Madre y la llevó de la mano hacia el salón para tener una reunión a puertas cerradas. Diez minutos después Mary salió, con lágrimas en el rostro, y se fue sin mucho más mirando en mi dirección.

No descubrí lo que había sucedido hasta que volví a México. Un domingo en la tarde recibí una llamada extraña de parte de otro voluntario a tiempo completo con las MC, Ralph Dyer. "¿Escuchaste las noticias?", me preguntó sin aliento. "La hermana Katrina está fuera. Ya no está con las hermanas". Ya me lo imaginaba, la Madre no habría desautorizado a la hermana Frederick. Pero había un motivo oculto en su llamado: Ralph nunca había creído que yo estaba hecho para ser un Padre MC o sacerdote en lo absoluto, y le tenía a Mary mucha estima. Si bien no me dijo explícitamente que considerara un futuro con ella en lugar de los Padres MC, el hecho de que hubiera llamado lo dejaba en claro.

Continué ese año con los padres, pero el hecho de que Mary estuviera de vuelta en la sociedad habría interferido con mi discernimiento de una vocación de celibato. Por mucho que me agradara el pensamiento de ser un sacerdote, no sentía el llamado de Dios a serlo. En enero de 1990 tomé una licencia de los padres y viajé a Calcuta para recibir la confirmación de la Madre de que esta era la decisión correcta y asegurarme de que no estaba diciéndole "no" a Dios. Si me decía que entrara al seminario, lo habría hecho sin dudarlo, pero no lo hizo. Me dijo: "Ora para que Dios te use sin consultarte" (consejo que me daría una y otra vez). Luego me dijo que debía llevar a Jesús a lugares donde ella no podía ir, como la Casa Blanca.

La hermana Priscila, una de sus confidentes en la Casa Madre, me contó que la Madre había decidido escribirle una carta al presidente George H. W. Bush y pedirle que me diera trabajo. Yo no estaba emocionado con la noticia. Pensé que ya había terminado con mi vida política en Washington y no quería respirar el gas inodoro que intoxica a aquellos que se encuentran alrededor del poder. La Madre parecía ser inflexible, así que intenté bajar un poco sus expectativas. Quizá "podía enviar la carta a John Sununu, el jefe de gabinete de Bush", le sugerí, "para no molestar al presidente con este asunto".

Al día siguiente, la Madre me entregó una carta manuscrita:

Estimado Señor Sununu:

Le escribo respecto a Jim Towey, a quien conocí por primera vez en 1985 mientras trabajaba para el senador M. Hatfield. Jim Towey ha ayudado a las hermanas de Washington D.C. en su tiempo libre desde 1985, y el año pasado lo invité a ayudar a los sacerdotes MC y a las hermanas en nuestra Misión en Tijuana cerca del límite con San Diego.

Jim permaneció quince meses en Tijuana ayudando a los Padres MC de muchas maneras; llevó gozo, paz y amor a los pobres a quienes servían.

Ahora está regresando al trabajo gubernamental en Washington con mi bendición, y es mi deseo que usted pueda darle un trabajo adecuado.

Mi gratitud hacia usted son mis oraciones por su vida, su familia y las personas a las que sirve.

Le ruego que ore por mí y por nuestros pobres.

Que Dios lo bendiga.

M Teresa mc

Dejé Calcuta con tres cosas: su bendición, la carta y fiebre tifoidea. A los pocos días de mi regreso a Washington tuve fiebre alta y sentía debilidad. Me mudé a Regalo de Paz, a una de las habitaciones para los voluntarios, y estuve tan enfermo como los residentes al final del pasillo. Mary había vuelto a estudiar —esta vez, en la Universidad Católica— pero seguía trabajando como voluntaria en el hogar para enfermos de sida. La hermana Dolores, que era la hermana superior allí, envió a Mary a mi habitación con sopa y jugo. Sabía que la relajante presencia de Mary y su maravillosa risa eran más medicinales que lo que traía en la bandeja. Más tarde quedaría claro que la hermana Dolores estaba tan interesada en que Mary y yo nos casáramos como Ralph. Cuando me recuperé y pude regresar a mis tareas a tiempo completo en Regalo de Paz, la hermana Dolores redobló los esfuerzos. Una vez, por ejemplo, me pidió que llevara a los hombres a una salida al zoológico, y mientras subían a la furgoneta, Mary llegó acompañando a las mujeres a la misma salida.

Mientras tanto, el senador Hatfield remitió la carta de la Madre Teresa a John Sununu, quien organizó una reunión con el secretario Andy Card. Me dijo que no había vacantes de personal en la Casa Blanca, pero que buscarían un lugar para mí en el gobierno. No me desilusioné al escuchar sus noticias ni tampoco estaba muy interesado en un trabajo en el gobierno. Estaba feliz por estar inmerso en las vidas y necesidades de los residentes de Regalo de Paz y no tenía ninguna prisa por volver a esa competencia feroz. Pasaron los meses y no surgió ninguna oferta de trabajo, pero Mary y yo nos acercamos en un noviazgo de lo más inusual: ella vivía con sus padres y yo en el hogar para enfermos con sida.

Sin embargo, hacia fin de año ya había gastado todos mis ahorros y mi pensión, y tenía que volver a buscar un trabajo remunerado. Tuve una entrevista laboral con el reciente-mente electo gobernador de Florida, Lawton Chiles, para quien había trabajado brevemente cuando él era senador de Estados Unidos. Asistí con un traje que alguien había donado a las MC. Me contrató, dijo, para ser "sus ojos y oídos con los pobres". Era un proyecto atractivo, y lo que es más, él entendía que yo quería seguir ayudando a la Madre Teresa y a las hermanas cada vez que me llamaran.

Mientras me preparaba para trasladarme a Tallahassee en noviembre de 1990, le escribí una carta a la Madre Teresa para contarle que el trabajo en la Casa Blanca que había ima-ginado no se había materializado, y me respondió diciendo: "Puesto que no ha surgido nada de la Casa Blanca, tal vez nuestro Señor no quiera que estés allí". Pero también le conté sobre mi intención de pedirle matrimonio a Mary y le pedí su aprobación y bendición. Su respuesta manuscrita no solo me concedía ambas cosas, sino que también sugería la fecha que deberíamos casarnos. Mary, mientras tanto, estaba terminando sus estudios en Washington y seguía ayudando en Regalo de Paz. Nuestra relación se profundizaba con cada llamado y cada carta, y cada vez me convencía más de que ella era la persona adecuada para mí. Ella ya había decidido que nos íbamos a casar y sugería no muy sutilmente fechas y lugares en los que podíamos encontrarnos y comprometernos. Sus estudios de español la llevaron a la ciudad de México en 1991 y la visité allí; disimulé mi intención de pedirle la mano diciéndole que había ido para reconectarme con los Padres MC. Asistimos a misa en la basílica de Nuestra Señora de Guadalupe, el santuario mariano más visitado del mundo. El padre Joseph nos había reservado la capilla privada en el piso superior con vistas a la misa que se celebraba en el altar principal allí debajo.

En el momento del servicio en que los sacerdotes invitan a los fieles a darse "el saludo de la paz", me puse de rodillas y le pedí a Mary que fuera mi esposa. Pensé que tal vez si le pedía matrimonio en un lugar sagrado, durante la misa, recibiría una gracia y protección especiales para no echar por tierra el matrimonio. Mi dulce Mary se puso de rodillas espontáneamente y con lágrimas en los ojos dijo que sí.

Dentro del mundo de las MC, nuestro compromiso fue una gran noticia. Al llamarla por teléfono a Albania luego de pedirle matrimonio a Mary, la Madre me dijo en broma: "Muy bien. Muy bien. Pueden venir de luna de miel a Albania" (este es posiblemente el único consejo de su parte que no seguimos). La Madre dejó algo en claro: "Deben tener una casa normal con lindas cosas acordes a su posición. Ustedes no son MC ni deben llevar la vida de las MC. Deben ser normales. Tienen que proveer para su familia con un trabajo adecuado. Dios les mostrará qué hacer".

La Madre Teresa vino a Washington en diciembre y fue la primera persona a la que le entregamos la invitación a nuestra boda. Besó y bendijo los anillos y luego tomó las manos de Mary y la miró a los ojos diciéndole: "Aunque la Madre esté muy lejos, siempre estaré con ustedes en mis oraciones". Nos dijo que tuviéramos cinco hijos, uno por cada misterio gozoso del rosario. Ya tenía programado estar en México el 1 de febrero, la fecha de nuestra boda, pero le dio un permiso excepcional a treinta y cinco hermanas para asistir en su representación a nuestro casamiento.

Tuve la gracia de hablar por teléfono con la Madre Teresa esa mañana y, cuando le dije que la boda era al mediodía, me prometió: "Estaré en la capilla y dedicaré una hora santa por ti y Mary durante ese tiempo". Todos los asistentes a la boda recordaban el canto angelical de las hermanas y cómo la hermana Dolores interrumpió nuestra procesión triunfante por el pasillo para colocarnos en el cuello guirnaldas de flores.

No perdimos tiempo a la hora de seguir las órdenes de la Madre sobre tener una familia grande. Mary quedó embarazada siete semanas después de nuestra boda. James nació a finales de diciembre; Joseph llegó veintitrés meses después; y Maximilian, veintiún meses después de Joe (y diez meses luego de un segundo aborto espontáneo en el segundo trimestre de embarazo, por el cual Mary entró a la sala de emergencia).

Durante esos primeros cinco años de matrimonio, cada vez que llamaba a la Madre por cuestiones legales, ella indefectiblemente me preguntaba por los niños. Cuando estaba con ellos, los disfrutaba. Cuando Joe asistió a una reunión conmigo, la Madre levantó el chupete del suelo y se lo volvió a poner en la boca. Cada uno de los bebés causó una impresión indeleble en la Madre: Jamie la mordió, Joe le dio un cabezazo y Max se comió la Medalla Milagrosa que ella le dio (tuve que sacársela de la boca con el dedo). Durante esos años la hacía reír porque siempre terminaba los llamados telefónicos dándole saludos de los niños para su "abuela Teresa".

CAPÍTULO 7

La Madre de los marginados

La enfermedad más grande no es la lepra ni la tuberculosis. Es la soledad. Es ser rechazado. Es olvidar el gozo, el amor y el calor humano.

—MADRE TERESA

Pasé el principio de la década de 1990 intentando equilibrar las exigencias de una familia en crecimiento, los diversos pedidos de ayuda de Calcuta y el trabajo cotidiano, en el que lideraba la Oficina de servicios de salud y rehabilitación de Miami, con sus cinco mil empleados. Mi oficina se encontraba frente a la estación de policía en el barrio Overtown. Estaba en el espacio más crítico de la ciudad y tenía contacto cotidiano con una legión de niños huérfanos, con discapacitados y enfermos mentales que estaban en instituciones estatales, y con los numerosos pobres de la ciudad que, para sobrevivir, dependían de cupones de alimentación entregados por el gobierno federal. A los nueve meses de tener ese trabajo, el huracán Andrew azotó el sur de Florida e incrementó enormemente la cantidad de ciudadanos afectados que pedían ayuda al Estado. El trabajo era satisfactorio y agotador a la vez.

Estuve dieciocho meses en Miami y luego pasé a Tallahassee para dirigir toda la red de servicios sociales del Estado. Fue allí donde aprendí sobre los límites de lo que los programas financiados por los contribuyentes pueden hacer por los necesitados. Un drogadicto o una madre sin hogar necesitan algo más que servicios por parte de los burócratas, sin importar cuán bien intencionados u organizados sean. Los pobres piden a gritos conexión humana, tener alguien que se preocupe por ellos. El gobierno no puede proveer eso porque el gobierno no puede amar. Esta es la razón por la que las organizaciones religiosas y comunitarias son a menudo tan efectivas para reparar las vidas rotas de aquellos a quienes sirven. La Madre Teresa me enseñó que las heridas más profundas de la humanidad podían sanarse mejor con amor y compasión, de a una persona a la vez.

El voto de las Misioneras de la Caridad provee "un servicio incondicional y gratuito a los más pobres de los pobres", que significa no simplemente trabajar *en* los suburbios sino *con* los más miserables de los habitantes de los suburbios. Tomemos como ejemplo a los leprosos de Calcuta. La lepra ha existido en la civilización desde el comienzo. Ser leproso siempre ha significado ser expulsado de todas las partes organizadas de la sociedad, incluyendo la familia y los amigos, y vivir en el exilio como un mendigo. En Europa, en la Edad Media, los leprosos debían llevar una ropa especial y hacer sonar una campana cuando se acercaban a los incautos. Mil años después, en la Calcuta de la posguerra, el estigma de la enfermedad no era menos humillante. Eran repudiados y abandonados por todos. Las primeras incursiones de la Madre Teresa en los suburbios de Entally la llevaron a tener contacto directo con estas almas ignoradas. Fue por esas personas que la Madre buscó fundar las MC.

No tenía miedo y estaba segura de que su misión traería consuelo.

La Madre y sus Misioneras de la Caridad establecieron clínicas móviles para llevar servicios médicos a los barrios con alta concentración de leprosos. La Madre sabía que no tenían la voluntad ni los medios para viajar al tradicional consultorio médico. Para cuando pude presenciar ese trabajo, las MC ya habían registrado cuatro millones de visitas de pacientes con lepra en esa clínica a lo largo de India. La Madre también fundó una ciudad para leprosos y sus familias a doscientas millas (321 km) de Calcuta aproximadamente. La llamó Shanti Nagar o Ciudad de Paz. Se encontraba en esos terrenos en los que los leprosos tejían los saris de algodón que vestían las MC. La Madre hablaba con orgullo sobre esta conexión cada vez que le preguntaban sobre su vestimenta. Buscaba darles a los leprosos un trabajo significativo y un propósito en el servicio a otros, en lugar de darles simplemente caridad.

El cuidado de la Madre por los marginados estaba inspirado en el ejemplo de Jesús. Los evangelios registran la curación que brindó a los leprosos, su sensibilidad hacia la mujer samaritana junto al pozo y hacia la mujer adúltera arrojada a sus pies, y la parábola del Buen samaritano. Jesús dijo: *Vengan a mí todos ustedes que están cansados de sus trabajos y cargas, y yo los haré descansar,*[31] y así la Madre Teresa abrió hogares reservados para leprosos, para niños huérfanos, para discapacitados graves y para mujeres y niños esclavos del tráfico sexual.

Los marginados de la sociedad sacaron la madre del interior de la Madre. En su discurso en las Naciones Unidas en 1985, hizo referencia al hogar para personas con sida que estaba abriendo en Greenwich Village. El mundo apenas estaba descubriendo la enfermedad que se extendía aterradoramente deprisa en las comunidades marginadas: hombres homosexuales y drogadictos. La enfermedad era tan espantosa y misteriosa que aquellos que tenían sida quedaban sin un lugar donde ir. La gente tenía temor de estos nuevos leprosos y la Madre corrió a llenar el vacío. El hogar para enfermos de sida en Nueva York fue el primero en Estados Unidos. Durante los siguientes años abrió otros hogares similares en Washington D. C., San Francisco, Denver, Atlanta y Baltimore. Mi tiempo como voluntario en el hogar Regalo de Paz en Washington fue una gran fortuna para mí; los moribundos que conocí me mostraron coraje y una dignidad desenfrenada.

Christine y Gregory son dos que no puedo olvidar. Se mudaron a Regalo de Paz en D. C. en 1990, con pocos meses de diferencia uno del otro, y parecían los candidatos con menos probabilidades de tener sida y no tener hogar. Ambos eran inteligentes y tenían estudios universitarios, alguna vez habían tenido un trabajo muy bien pago: ella en Blue Cross Blue Shield y él en Amtrak. Chris tenía los gestos y el rostro de una modelo y Greg tenía un ingenio y un encanto que llevaba a otros a buscar su compañía. Con todo esto en ellos, ¿cómo terminaron en Regalo de Paz?

Para Greg, la respuesta corta eran las drogas. Provenía de una familia grande: una hermana mayor, Anita; dos hermanos menores, Neil y Adrian, y una hermanita bebé, Bobbie. Su vida familiar se trastocó por completo con el asesinato de su padre. La madre tuvo que trabajar a tiempo completo para sostener a la familia y dejó a los adolescentes solos. Sus hermanos rápidamente cayeron en las drogas, pero Greg resistía la atracción. El buen ejemplo que le daba Anita le brindaba fuerza para resistir, me contó. Pero un día la vio drogarse en secreto y entonces él cedió. Muy pronto se volvió adicto, y el estilo de vida de un drogadicto fue lo que finalmente lo llevó a las calles y luego a estar en el hogar para enfermos de sida. En las raras ocasiones en que los hermanos lo visitaban, le mostraban poco amor y compasión. Una vez los vi discutir delante de él por quién de ellos se quedaría con la televisión después de que él muriera. Gastaban los cheques mensuales del gobierno e ignoraban los pedidos de Greg de que le trajeran un paquete de Newport (su marca preferida de cigarrillos) y un poco de jugo.

Unas semanas antes de su muerte, mientras estaba hablando con él, le pregunté si creía en Dios y si se arrepentía de sus pecados. Con su característica forma brusca respondió: "Jim, experimenté todo lo que puedes experimentar en la vida y mira adónde me ha traído. Quiero experimentar a Dios. Creo que sería algo bueno". Era así de simple para él, y entonces pidió ser bautizado. Las hermanas se encargaron de la organización e invitaron a su familia. Llevé a Greg en brazos desde su habitación, por la escalera hasta la capilla donde estaba reunida toda su familia. Probablemente pensaban que había sido obligado y que este ritual era una compensación por el cuidado gratuito por parte de las hermanas. Cualquier cosa menos eso. Cuando el padre Ryan comenzó el ritual del bautismo preguntando: "Greg, ¿crees en Dios, Padre Todopoderoso, creador del cielo y de la tierra?", su respuesta fue rotunda. El "sí" de Greg no podría haber sido más fuerte ni contener una mayor convicción. Su madre comenzó a llorar sin parar. Sus hermanos estaban completamente mudos de asombro.

A partir de ese día se volvieron visitantes habituales y a menudo hacían una vigilia en su habitación. El sábado anterior a su muerte, su hermano Neil y su hermana Bonnie vinieron a visitarlo. Yo estaba en la habitación cuando llegaron y, con una dosis inesperada de fuerza, Greg dijo: "Neil, ven aquí, dame un abrazo". Neil, obligado y de mala gana, le dio un abrazo rápido y frío. Greg lo miró y continuó diciéndole: "Has sido un pésimo hermano, pero te perdono por todo lo que hiciste, y te amo". Neil comenzó a llorar. No dijo ni una sola palabra. No era necesario.

La espiral descendente de Christine para mí estará envuelta en un misterio para siempre, porque se había cerrado emocionalmente antes de llegar a Regalo de Paz. Hablaba poco y sonreía menos. La única persona que la visitaba era su abuela, que vino apenas unas veces. La hermana Carmela, una de las MC que cuidaba a Chris, sabía que estaba sola y organizó un festejo para su cumpleaños. Las hermanas compraron un pastel y encendimos un puñado de velas. Chris estaba tan débil a esta altura que tuve que quitar una vela del pastel y acercársela a los labios, de modo que tuviera suficiente aire para soplar. Aunque no vinieron ni amigos ni familiares, parecía estar alegre por la fiesta y la atención. Un domingo en la mañana salí al estacionamiento y observé a dos hombres bebiendo de una botella envuelta en una bolsa de papel marrón. Les pregunté por qué estaban allí y el más borracho de los dos se identificó como el padre de Chris. Lo acompañé hasta el área de mujeres de la casa donde podría ver a su hija. Supe después que la visita fue un desastre y solo hizo que Chris se pusiera más triste.

Murió alrededor de una semana después de la visita de su padre. La hermana Dolores, la superiora del hogar, anunció que habría un funeral en la capilla más grande en el piso de arriba, lo que era inesperado porque yo no creía que Chris tuviera familia o amigos que fueran a asistir. Estaba equivocado (y asombrado). Aparecieron aproximadamente cien personas y llenaron la capilla. El cuerpo de Chris descansaba en un simple ataúd frente al altar y los amigos y excompañeros de trabajo lloraban encima, algunos incluso se quebraban en llanto. Uno dijo en voz alta: "Lo siento Chris; siento no haber venido a verte. Me siento tan culpable". La muerte de Chris parecía enseñarles una amarga lección en el momento en que el sida aún acarreaba un gran estigma.

Las hermanas de Regalo de Paz le ofrecieron a Chris y a Greg precisamente eso: amor, cuidado y perdón cuando su propia familia y amigos no pudieron hacerlo. Greg hizo las paces con sus hermanos y su pasado, y la familia y amigos de Chris tuvieron la oportunidad de buscar el perdón por sus errores. Este era el éxito de la Madre Teresa. El trabajo de su vida enviaba ondas de compasión que podían transformar un hospital para enfermos terminales de sida en un lugar de sanidad, reconciliación y aceptación.

Ese amor era algo que el Estado simplemente no podía proveer. De hecho, parecía que muchos burócratas nunca siquiera pudieron entenderlo. El Departamento de Servicios Sociales de California intentó cerrar el hogar para enfermos de sida en San Francisco en 1995, en gran parte debido a las formas religiosas del cuidado que ofrecían las hermanas. Durante los cinco años de actividad, Regalo de Paz había sido la última morada terrenal de ciento treinta y cuatro hombres. Muchos de los pacientes provenían de San Quentin y otras prisiones. Las hermanas los amaron y los cuidaron, y nunca pidieron un centavo a los gobiernos estatal, local o federal.

Luego, en mayo de 1995, el gobierno estatal notificó a las MC que, para poder seguir abierta, la casa Regalo de Paz debía cumplir con las cuarenta y cuatro páginas de las normas de los "Centros de atención residencial para enfermos crónicos". Las obligaciones del trabajo administrativo y el nuevo entrenamiento eran onerosos y costosos para una simple casa manejada por monjas con la ayuda de un grupo de fieles voluntarios. Los otros requisitos también eran inaceptables. Las comidas ya no podían ser aportadas por las iglesias locales. A las hermanas y los voluntarios les tenían que tomar las huellas dactilares. Debían permitir la pornografía en las habitaciones de los residentes y reducir el contenido religioso de la casa. Si las MC no cumplían con estas reglas, enfrentarían multas diarias por cualquier "deficiencia" y, finalmente, el cierre del hogar.

Las MC no podían ceder ante esas exigencias y, después de meses de negociaciones, pude ver que el Estado no se echaba atrás. Finalmente le dije a la Madre que tendríamos que cumplir con esas exigencias o dejar de funcionar hacia finales de mes. La Madre Teresa no lo dudó: "Diles que cerraré el hogar y que vengan a buscar a las personas". Al recibir la carta que transmitía esta decisión, el Departamento de Servicios Sociales se dio cuenta de que enfrentarían una crisis humanitaria y un desastre en las relaciones públicas. De repente, el Estado determinó que "la licencia de Regalo de Paz… puede otorgarse sin ninguna alteración importante en el uso de las instalaciones o servicios… no anticipamos ningún problema serio que no pueda solucionarse".

No siempre eran las autoridades locales o el Estado los que se interponían en medio de los intentos de las hermanas de cuidar a las víctimas del sida. El desprecio apenas disimulado del público general por los homosexuales, las prostitutas y los drogadictos hacía que estos refugios se convirtieran rápidamente en el tema de la resistencia "no en mi patio trasero". La Madre había enfrentado una oposición similar en la India cuando buscaba albergar a los leprosos en lugares donde los residentes quedaban consternados por el deseo de la Madre de recibirlos. Regalo de Paz en Washington D. C. estuvo a punto de no abrir debido a la hostilidad de los vecinos y del gobierno local. Las audiencias públicas de zonificación habían sido una farsa: un vecino sostenía que si un mosquito picaba a un paciente y volaba hacia el otro lado de la calle podría infectar a alguien. Esos temores eran comunes a mediados de la década de 1980, cuando se sabía muy poco sobre el sida y cómo se transmitía. Gracias a una laguna legal en las regulaciones de zonificación, las MC pudieron abrir Regalo de Paz en noviembre de 1986 y administrarlo de forma legal. El Dr. Anthony Fauci, conocido más tarde por la pandemia de Covid-19, entrenó al primer grupo de hermanas sobre los protocolos en enfermedades infecciosas.

La oposición de parte de los vecinos solo se intensificó después de la apertura, y el comité de zonificación amenazó con cerrar el hogar. A pedido de la Madre, el senador Hatfield intervino ante el alcalde, y dieciocho meses después de que Regalo de Paz había abierto sus puertas, en vista de la continuada hostilidad del gobierno local, el Congreso dio un paso extraordinario para exceptuar a Regalo de Paz de la autoridad de zonificación del D. C. La firma del presidente Reagan la convirtió en la ley pública 110–462, y la propiedad continúa exenta hasta el día de hoy.

Para mí ese es un lugar sagrado y le agradezco a Dios que siga abierto. Casi todas las personas que cuidé en Regalo de Paz eran adultos, excepto una de las personas más memorables que jamás haya conocido. En 1987 llegó al hogar una niña de ocho años llamada Tina, en una etapa avanzada de sida. Lo contrajo de su madre al nacer, quien era prostituta y drogadicta. Su padre ya había muerto de sida para cuando ella vino a nosotros.

Unos meses antes, Tina se había contagiado de varicela. Sin ninguna supervisión parental que la protegiera de ella misma, se rascó la piel hasta que las vesículas se convirtieron en llagas grandes y abiertas. Las llagas se infectaron y su comprometido sistema inmune no era potente para sanarlas. En las zonas donde no le llegaban las manos las marcas habían desaparecido y la piel era tan suave como la de un bebé. Pero en la cara, el cuello, los brazos, el estómago y las piernas tenía heridas infectadas por la bacteria del estafilococo.

Esas heridas supuraban sangre, y con ambas a la vez —sida y estafilococo— Tina era altamente contagiosa. Las Madres se aseguraban bañarla todos los días, lo que parecía darle malestar y alivio en igual medida. Todo aquel que se ocupaba de ella debía llevar mascarilla y guantes y tener una extrema precaución para no contagiarse a través del contacto con los fluidos de su cuerpo. Algunas noches me pedía que le quitara las pequeñas fibras de pelusa que se le pegaban a las heridas. La pelusa parecía distraerla de las dolencias más serias de la tos, fiebre alta y diarrea persistente, muy comunes en las personas con sida en etapa tardía.

Tina tenía un dolor constante y, sin embargo, nunca se quejaba. Le encantaba jugar, incluso si tenía que permanecer en la cama, y tenía una risa que hacía olvidar por un momento por qué estaba allí. Su acento sureño, su brillante sonrisa y sus colitas sueltas se ganaban el amor de las personas y se acercaban a atenderla a pesar de sus temibles heridas. Un sábado por la mañana, Sandy McMurtrie y sus hijas adolescentes vinieron a limpiarla, vestirla y a mimarla, y ella disfrutaba de esa atención especial. La hermana Dolores tenía un cuidado extra para que Tina estuviese bien acompañada y nunca estuviera ni sola ni demasiado expuesta.

Me mudé a Regalo de Paz para ayudar durante las vacaciones de navidad, lo que me permitió compartir muchas horas con Tina. Me contaba historias sobre su vida familiar sin tener noción de lo dura que había sido su infancia. Me contó que una vez había encontrado a su madre "durmiendo" en el suelo. Le trajo un sándwich de queso y un vaso de leche para intentar reanimarla, sin saber que había perdido el conocimiento. En la noche a menudo yo escuchaba su voz resonando por los pasillos, gritando: "¿Dónde está mi mamá? ¡Quiero a mi mamá!". Una vez, mientras deliraba de fiebre, recitó en sus sueños el padrenuestro en voz alta, repitiendo algunas de las líneas varias veces. Solía cantar "Jesús me ama" una y otra vez, lo que indicaba que alguien en algún momento la había llevado a la iglesia. Pero, por lo general, pasaba las noches sacudiéndose y dando vueltas, se despertaba y me pedía que le llevara algo para beber. Odiaba estar sola. De vez en cuando su hermosa sonrisa y sus juguetones ojos marrones brillaban como los de otras niñas de su edad. Sin embargo, pasaba la mayoría de los días en un tormento físico, despertándose a cada hora.

Tina vivió en Regalo de Paz durante seis semanas. Poco antes de su muerte, la hermana Dolores me llamó a la oficina del Capitolio con urgencia en la voz: "La madre de Tina debe venir a visitar a su hija antes de que sea demasiado tarde". El domicilio de Tina estaba en los formularios de ingreso, pero yo sabía que sería un problema que la aparición de un hombre desconocido causaría problemas. Me puse en contacto con una amiga del Capitolio, Polly Gault, y le pedí ayuda. Polly era una guerrera (recientemente la habían nombrado directora ejecutiva de la Comisión presidencial sobre la epidemia del VIH) y no tenía temor al barrio al que tendría que ir. La madre de Tina —aunque estaba drogada y fue un poco agresiva cuando llegó Polly— aceptó ir a verla. De camino al hogar, Polly compró una cajita feliz de McDonald's, la favorita de Tina, para que la mamá le diera a su pequeña hija.

Aún era media tarde, pero afuera estaba oscuro como la noche cuando la mamá de Tina entró a Regalo de Paz con anteojos de sol. Estaba extremadamente delgada y se veía bastante enferma y frágil, pero proyectaba un aire de orgullo desafiante ante la humillación, ya que todos sabían que no había estado allí para su hija. Nos ignoró y fue directamente hacia Tina, se subió a la cama y la sostuvo como lo hubiese hecho cualquier madre amorosa. Asombrosamente —milagrosamente— nada se interpuso entre ella y su pequeña por un momento. No se quedó mucho tiempo ni tampoco dijo mucho, pero sostuvo en brazos a su hija enferma. Fue un momento de gracia.

Vi a Tina el día antes de que muriera. Estaba muy débil, respiraba con mucha dificultad. Tan pronto entré a la habitación, le dije: "¡Tina, vamos a jugar!". Se reanimó de manera perceptible; ¡la niña dentro de ella estaba bien viva! Me dijo que fuera a buscar un juego. Salí de la habitación para buscarlo, y cuando regresé a los pocos minutos, estaba profundamente dormida. Y fue lo mejor. Pronto estaría jugando en la eternidad, por siempre joven, por siempre amada.

CAPÍTULO 8

Un corazón humano

Las personas religiosas no tienen razón para estar tristes. Estar deprimido es ser orgulloso, pensar solo en ti mismo.

—MADRE TERESA

En *Gaudette et Exsultate*, el Papa Francisco escribió: *La santidad no te hace menos humano, porque es el encuentro de tu debilidad con la fuerza de la gracia de Dios.*[32] Los católicos creemos que la gracia se edifica en la naturaleza humana, lo que significa que los santos se vuelven santos no por ser "súper humanos", sino por ser completamente humanos; al permitirse ser "amados y liberados por Dios" y "guiados por el Espíritu Santo".

De acuerdo con este entendimiento, la Madre Teresa era la más humana de las mujeres. Compartía la gracia de Dios con el mundo a través de su enorme amor maternal y su ejemplo. Utilizaba todos sus dones para darle la gloria a Dios y completar la tarea que Él le había asignado, y pedía perdón por sus errores y debilidades. No eran los milagros, sino su humanidad y humildad lo que hacían a la Madre Teresa una persona tan entrañable y excepcional.

En diciembre de 1987 se la presenté a mi madre, que había venido de visita a Washington desde Florida. A mi mamá no le molestaba que llamara "madre" a otra persona. La Madre Teresa abrazó a mi mamá e incluso insistió en que nos sacáramos una foto los tres juntos (y eso que la Madre detestaba las fotos). Pero quería que mi mamá se sintiera especial. Cuando me fui a vivir con los Padres MC, me ordenó que le escribiera cada dos semanas. La Madre era muy buena en hacer que las personas sintieran su amor maternal. Siempre se aseguraba de que me alimentara bien. Me regañaba por restregarme los ojos y me decía que eso no me ayudaba con la alergia. Y sé que mi familia estaba en sus oraciones: una hermana me contó que cuando la Madre visitó Washington por última vez en 1997, había visto una foto de mi familia en su libro de oración, la única familia en recibir esa gracia.

La Madre puso cada uno de sus talentos a trabajar al servicio de Dios. Su propia madre le había inculcado el amor por el arte, en particular por la música, y tenía una voz encantadora, baja y melodiosa. Cada vez que estábamos en la misma capilla para la misa, podía distinguir su voz de contralto, que se reconocía entre las demás y siempre tenía una armonía natural. Parecía que cantar la acercaba más a Dios y a sus queridas hermanas; era un pilar de su vida comunitaria y de adoración. Había utilizado su voz para calmar a sus estudiantes mientras cientos de ellas se escondían en el sótano de la escuela de Entally en agosto de 1946. Las conocidas canciones bengalíes calmaban a las niñas cuando se desataba la violencia en la ciudad.

También era una dotada escritora. Redactó los documentos fundacionales de las Misioneras de la Caridad, así como montones de cartas de instrucción que hizo circular entre las hermanas de todo el mundo. Tenía un estilo simple y sus palabras estaban llenas de sabiduría. Exponía las Escrituras con la visión de una teóloga entrenada. Existen miles de sus cartas personales por todo el mundo, siempre manuscritas, a menudo escritas a altas horas por la noche. Lo que les decía a sus hermanas, al clero, a los amigos y a los donantes, estaba lleno de aprendizaje.

En el verano de 1988 ella respondió a mis frustraciones por el trabajo gubernamental al recordarme que es "bueno purificar la 'política' y hacerla para la gloria de Dios y el bien de las personas. Si los políticos tuvieran eso en mente, la paz y el gozo estarían en el corazón de cada ser humano". Sus palabras fueron una vacuna de refuerzo espiritual y todavía aprecio esa carta (tres hojas: ¡la más larga que jamás me haya escrito!) repleta de guía espiritual y de detalles cotidianos de la administración de las MC, que estaban siempre en crecimiento:

Aprende a orar por el trabajo. Hazlo con Jesús, por Jesús y para Jesús y en medio de todo el trabajo gubernamental, hazlo por Jesús a través de María. Debes traer santidad justo aquí en el corazón del gobierno. Espero poder reunirme con el embajador yugoslavo. No sé por qué sucede este problema; ahora ya tenemos cuatro hogares. Oro por ti —porque estoy segura de que Jesús quiere algo más de ti— que seas su amor, su presencia justo allí donde Él te puso. No tengas temor de aceptar un puesto más alto con la condición de que seas su amor y su presencia: que alcen la vista y solo vean a Jesús en ti. El mayor amor que puedes mostrarme es que ames a Jesús con toda la ternura de tu amor y mantengas un corazón puro.

La antología del padre Brian Kolodiejchuk *Come Be My Light* [Ven a mi luz] reproduce muchas cartas hermosas de la Madre.

Era muy inteligente e intelectualmente curiosa. Hablaba con fluidez cinco idiomas: albanés, serbocroata, bengalí, hindi e inglés. También era una oradora poderosa. Cualquier audiencia podía ver que era sencillamente una especialista. Lo que resultaba extraño es cuánto temía hablar en público. Tenía cincuenta años cuando hizo su primer discurso. En octubre de 1960, dio el discurso inaugural de la reunión del Concilio nacional de mujeres católicas en Las Vegas. Era la primera vez que salía de la India en más de treinta años.

Nunca superó la timidez e incomodidad por ser el centro de atención. Cierta vez le contó a una amiga que enfrentar a la prensa "es más difícil que bañar a un leproso". Pero llegó a aceptar la necesidad de dichas obligaciones. Sentía que Dios se lo pedía y que Él le daría las palabras, y parece que siempre fue así. Y para demostrarlo, tenía la costumbre de hablar sin notas. La única excepción que recuerdo fue el discurso en el Desayuno de Oración Nacional en 1994. Tenía ochenta y tres años y una salud delicada, y quería ser precisa en sus comentarios acerca del aborto mientras se dirigía a las personas poderosas e influyentes de la nación.

La Madre era una campeona del derecho a la vida. Sentía que ser propobre y provida era lo mismo. Durante décadas ubicó a los niños no deseados en hogares adoptivos, y sus hogares para huérfanos acogían niños con defectos de nacimiento y otras discapacidades, a los cuales era difícil ubicar en familias. También abrió hogares para madres solteras en muchas ciudades, incluido uno justo a nueve millas (14 km) del salón de baile del Hilton, donde habló ese día de 1994. *Cualquier país que acepta el aborto no le está enseñando a su pueblo a amar, sino a utilizar la violencia para obtener lo que quiere,*[33] le dijo a la callada audiencia. *Por esta razón el destructor más grande del amor y de la paz es el aborto.*

Mary y yo estábamos allí cuando pronunció estas palabras y observamos cuando el ferviente defensor de la libertad de elección, el presidente Bill Clinton, que se encontraba a tan solo unos pasos de la Madre, tomaba sorbos de una taza de café vacía para ocultar su reacción. Solo ella podía emitir semejante reprimenda pública sin ningún tipo de controversia, pues no tenía ni una pizca de malicia. Cada palabra que pronunció la dijo con amor. El desayuno fue el primer momento en que conoció a los Clinton y tuvo una charla privada con ellos después del discurso. Cuando le pregunté más tarde cómo estuvo la reunión, solo dijo: "Debemos orar por la señora Clinton". A menudo, la Madre comunicaba más al elegir no decir nada.

Tan seria como era, su característica sonrisa nunca estaba lejos y ayudaba en muchas situaciones. Su alegría era extraordinaria dada la vida difícil que eligió; era fundamental para su obra y misión. Cada hermana MC tomaba un voto de pobreza, castidad, obediencia y servicio incondicional y gratuito para los más pobres de los pobres. Los documentos constitutivos que la Madre escribió enfatizan la alegría con que se esperaba que cada MC viviera sus votos. Recuerdo una charla que dio en San Francisco, en 1989, a un grupo de mujeres jóvenes en la víspera de sus primeros votos. La Madre fue asombrosamente terminante: "Si no pueden estar alegres con los pobres, entonces váyanse ahora. Regresen a casa". Ella decía que los pobres ya tenían demasiados problemas sin un "ayudante" que los arrastre aún más abajo. Imitaba a una monja con el ceño fruncido, la cabeza agacha, caminando con desánimo. Todas las mujeres se rieron, pero entendieron el mensaje.

Las fortalezas de la Madre como líder la hacían admirable, pero sus debilidades la hacían completamente encantadora. Todos sabían que era golosa. Cierta vez, mientras ojeaba el cuaderno que mantenía mientras estudiaba con las Hermanas de la Misión Médica en 1948, encontré recetas escritas a mano en la parte de atrás; había recetas de brownies, helado de chocolate, galletas con polvo para hornear y galletas de azúcar. Durante los primeros años de las MC, participaba de esos placeres solo en ocasiones especiales como Navidad, Pascua y ciertos días festivos, pues se adhería estrictamente a su voto de pobreza y daba un buen ejemplo a los demás. A medida que fue envejeciendo, se permitía estos pequeños placeres con mayor frecuencia, y las hermanas la consentían cada vez que podían.

Le encantaban los postres con chocolate, en especial, el helado y los caramelos. Después de su muerte, su íntima amiga, Sunita Kumar, descubrió chocolates Cadbury escondidos en un cajón del escritorio de la Madre. Pero nunca los comía a solas. Eran para compartir en secreto. Una vez, mientras viajaba con ella en un pequeño avión y después de terminar sus oraciones, nos ofreció una golosina que tenía guardada en el bolso a cada uno de los cinco que estábamos allí. No iba a comer ni un pedacito a menos que nosotros comiéramos. En un viaje nocturno en furgoneta desde Los Ángeles, repartió galletas de dos en dos para nosotros y para ella, dos veces. Hubo otro momento en un almuerzo en que la vi partir una galleta, trozo a trozo, y saborear cada mordisco. Si sabía que a una hermana le gustaban los dulces, le escabullía alguno. La vieron una vez diciéndole a una hermana traviesamente: "Toma este helado. Me quedaré aquí vigilando para asegurarnos de que nadie te vea".

Ella se deleitaba en dar regalos. Cierta vez me regaló siete medallas bendecidas en Lourdes, y me dijo: "¡Realmente te consiento!". A lo largo de los años en que la conocí, la Madre tuvo la costumbre de deshacerse de pertenencias que eran preciadas para ella, como su libro de oración personal, el crucifijo que llevaba en el cuello, el rosario y los símbolos religiosos que amaba. Un día, cuando la estaba dejando en el aeropuerto, el rosario de la Madre se enganchó en el cinturón de seguridad y se le cayó el crucifijo. Cuando comencé a irme, me llamó: "Toma, esto es tuyo", me dijo poniéndomelo en la mano, y señaló las diminutas representaciones del viacrucis grabadas en el reverso que, a menudo, como ella decía, guiaban sus meditaciones. Fue un hermoso recuerdo. Después de irme, ella le dijo a una amiga con la que viajaba: "Lo que acabo de hacer es muy bueno". Sentía el bienestar y el gozo de dar. Se deleitaba en deshacerse de esas posesiones tan preciadas. Conocía la influencia liberadora del desprendimiento y con frecuencia exhortaba a las hermanas: "No permitan que nada ni nadie las separe del amor de Cristo".

Por más asombrosa que la Madre Teresa fuera para todos los que la conocíamos, también tenía defectos. No le hace justicia a su recuerdo el fingir que no era así; su éxito para vencer sus defectos la hacía más admirable. Era una mujer de acción y era famosa por ser impaciente. *Las reuniones tienen un efecto terriblemente enfermizo en mí*, le escribió a un sacerdote. *Es un verdadero sacrificio*.[34] A veces incluso, reconoció en una carta, le habló de forma rigurosa y dura al corregir a las hermanas y fue impaciente con los demás. Su impaciencia se combinaba, además, con una terquedad formidable. Esos dos rasgos son, tal vez, una necesidad para el camino de purificación de un santo.

Tales rasgos también deben de haberla ayudado a mantener un nivel de separación del sufrimiento terrenal. En abril de 1942 hizo un voto privado a Dios de "no negarle nada", y una de las cosas que de buena gana sacrificó para su tarea fue su cuerpo. La experiencia de "amar hasta que duela, dar hasta que duela" incluía una rotura de clavícula; una pierna quebrada; un hombro quebrado y tres costillas rotas en Roma; una fractura expuesta del brazo izquierdo por caerse de la cama; diecinueve puntos en la cabeza tras un accidente vial en Darjeeling y dos puntos por la mordida de un perro en Delhi, seguidos de una serie de doloras inyecciones para prevenir la rabia. La Madre sufrió en silencio docenas de brotes de malaria, tuvo neumonía varias veces, tuberculosis, cinco ataques al corazón, un infarto y dos cirugías del marcapasos. Tuvieron que resucitarla al menos en diez ocasiones después de que dejó de latirle el corazón, y muchas veces la conectaron a un respirador. Tenía los pies deformados por haber usado toda la vida sandalias donadas que no eran de su talla, y un dolor de espalda que la atormentó en sus últimos meses de vida. Creía que el sufrimiento puede convertirse en la manera de tener un mayor amor y una mayor generosidad", y eligió voluntariamente una vida de penitencia.

Su obstinación también potenciaba su efectividad para tratar los asuntos terrenales. Por ejemplo, mientras estuve en Tijuana, la Madre vino a inspeccionar el complejo del seminario en construcción para los Padres MC, el cual estaba casi terminado. Ya habían echado la losa de concreto, levantado las paredes de bloques de hormigón, instalado las ventanas y colocado el techo. Lo único que faltaba era pintar. El arquitecto y un par de ejecutivos de la empresa de construcción les mostraron con orgullo las instalaciones a la Madre y a algunos padres mientras yo los acompañaba. Fue evidente desde el inicio que ella no estaba conforme con el trabajo. "Estas habitaciones son demasiado oscuras", le dijo al grupo. Ellos se disculparon, pero le indicaron que habían seguido estrictamente los planos diseñados y aceptados por todas las partes, e insistieron que ya no se podía hacer nada más. La Madre no aceptó esa respuesta: "Los padres necesitarán más luz y aire aquí. Estoy segura de que hay algo que se pueda hacer". Regresaron a la mesa de dibujo y volvieron con una solución que la dejó satisfecha: el equipo levantó el techo con una enorme grúa, añadieron algunas ventanas y mosquiteras por encima de las paredes, y luego volvieron a bajar el techo y lo sellaron. Cuando abrieron el seminario a finales de 1989 y los hombres se mudaron, estuvieron agradecidos por la persistencia de la Madre.

Su terquedad una vez le provocó una graciosa reprimenda de parte de John Cardinal O'Connor, el arzobispo de Nueva York. Era un íntimo amigo y alguien en quien ella confiaba. En mayo de 1997 la Madre se estaba preparando para embarcarse en el que ella esperaba que fuera su último viaje a los Estados Unidos. La Dra. Patricia Aubanel, una de sus cardiólogas, le pidió a O'Connor que la hiciera desistir, en vista de que el viaje era demasiado peligroso. Él llamó a la Madre a Roma, que era la primera parada, y la instó a que no continuara hacia los Estados Unidos. La Madre tomó el consejo educadamente y lo ignoró con rapidez.

Se encontraba muy mal cuando llegó al convento de las MC en el Bronx. El dolor de espalda la incapacitaba tanto que tuvo que permanecer en cama. Pero Cardinal O'Connor iba a celebrar la misa en la capilla del convento a la mañana siguiente y la Madre insistió en ir. Tuvieron que llevarla en silla de ruedas, y su amigo dio comienzo a la homilía analizando sus votos individuales como monja. "¿La Madre Teresa hizo un voto de pobreza? Perfecto. ¿La Madre Teresa hizo un voto de castidad? Perfecto. ¿La Madre Teresa hizo un voto de caridad? Perfecto. ¿La Madre Teresa hizo un voto de obediencia? Nunca escuchó sobre eso". Las hermanas en la capilla se mataron de la risa. La misma Madre se rio tanto que se balanceó en la silla de ruedas.

La Madre era una paciente famosa por su poca cooperación. La Dra. Aubanel me dijo medio en broma: "Fue la peor paciente que haya tenido. Ni siquiera pude decirle nada". Y la Madre se volvía menos colaboradora con la edad. Cuando estuvo en el hospital en 1989, cinco días después de su segundo ataque al corazón, un doctor le preguntó qué estaba comiendo. Guiñando un ojo, le respondió: "Una manzana. Una manzana al día mantiene al doctor en la lejanía".

Cuando tomaba la decisión de dejar un hospital, no había nada que la detuviera. Una vez se fue de un hospital en Roma con tres costillas rotas por una caída, completamente decidida a asistir a la profesión de las nuevas hermanas. En 1996, un año antes de morir, regresó a la Casa Madre, en Calcuta, luego de estar en cuidados intensivos y se negó rotundamente al pedido de sus hermanas para subirla por las escaleras en su silla de ruedas. En vez de eso, se puso de pie y subió lentamente los veintiséis escalones agarrada de la barandilla. Cuando llegó arriba, se dio vuelta hacia las hermanas reunidas abajo, llenas de nerviosismo, y levantó el puño de manera triunfante.

El Dr. Lawrence Kline, un neumonólogo de San Diego que conoció a la Madre en diciembre de 1990 cuando estaba internada en la Clínica Scripps con neumonía, intentó revisarle los pulmones con un equipamiento de última tecnología. Ante su negativa, él insistió: "¿No cree que Dios la trajo aquí y que a Él le gustaría que la revisara?". "No meta a Dios en esto", le respondió.

La Madre podía hacer bromas de casi cualquier cosa, particularmente cuando dejó de estar al mando. La hermana

Nirmala, una hindú convertida proveniente de una familia nepalí adinerada, y la septuagésima quinta mujer en unirse a la Madre, fue elegida como su sucesora en marzo de 1997. A los pocos meses, la Madre estaba en reposo por un problema cardíaco y tenía dos hermanas que supervisaban sus cuidados: la hermana Shanti (una doctora) y la hermana Luke (la enfermera que dirigía Kalighat). Le rogaron a la Madre que se quedara en la Casa Madre. Pero ella quería saludar a la hermana Nirmala en el aeropuerto de Calcuta que llegaba de su viaje inaugural como superiora general de las MC. La Madre convenció a otra hermana para que la llevara a escondidas en un auto. La hermana Luke y la hermana Shanti las siguieron en otro vehículo que llevaba equipamiento médico y suministros en caso de una emergencia. Cuando la Madre las vio en el aeropuerto, sonrió y dijo con picardía: "¡Qué bien! ¡Hola! ¡Qué bueno verlas aquí!".

Nunca la escuché hablar de forma despectiva sobre nadie ni tampoco hacia nadie. Pero eso no quería decir que no se enojara alguna vez que no corrigiera con dureza. Cuanto más conocía a una persona, más directa era la corrección. En una misa en México a la que habían asistido miles de personas, yo estaba sentado al lado de la Madre y cuando el sacerdote invitó a los fieles a darse el saludo de la paz, una pequeña estampida de niños se dirigió hacia nosotros. Cuando intenté bloquearlos, la Madre me ordenó: "¡Déjalos venir!", y me lanzó una mirada con la que tendría que haberme convertido en una estatua de sal.

En ocasiones levantaba la voz. Unas cuantas hermanas tenían distintas historias que contar al respecto. La hermana Nirmala María, una enfermera licenciada descendiente de irlandeses que, al igual que la Madre, comenzó su vida religiosa con las hermanas de Loreto, sabía lo frágil que la Madre tenía la espalda, y una vez la vio doblarse para ajustarse las sandalias. Le imploró: "Por favor, no hagas eso. Es malo para tu espalda". La Madre le replicó: "¡No le hables así a la Madre!". En otra ocasión, las hermanas del Bronx querían que la Madre, que ya estaba bien entrada en sus ochenta años, durmiera un poco más. Así que adelantaron los relojes una hora para que la Madre, que era tan rigurosa con el programa comunitario, pensara que se iba ir a dormir dentro del horario pautado. Después de acostarse, las hermanas se volvieron a reunir en secreto en otra habitación, a oscuras, para planificar el programa del día siguiente. La Madre las descubrió: "¿Qué están haciendo despiertas? ¡Se supone que deberían estar en la cama!". Una de las hermanas se asustó tanto con el regaño que salió corriendo de la habitación.

Era inevitable que la Madre a veces tuviera algunos desacuerdos con las personas más cercanas a ella. Una vez estuvo enfrentada con el hermano Andrew, el director cuidadosamente seleccionado de los Hermanos MC. "Somos muy diferentes", comentó una vez la Madre Teresa, "pero ambos tenemos el mismo sentir". Sin embargo, no siempre compartían las mismas ideas. Él se resistía a sus pedidos de que los hermanos reprodujeran idénticamente el estilo de vida de pobreza que abrazaban las hermanas. Ella quería uniformidad y él quería que los hermanos fueran más independientes. En una ocasión, por ejemplo, él les permitió a sus muchachos que durmieran en el techo para escapar del calor sofocante de los dormitorios. La Madre no les permitía este "lujo" a las hermanas y se opuso. Organizaron una reunión para discutir el asunto antes del servicio del Jueves Santo de los hermanos, al que ella pretendía asistir. El hermano Andrew no iba a ceder: "Los hermanos tienen que decidir por ellos mismos o vuelvo con los jesuitas". A ella no le gustó este ultimátum y se fue rápidamente, y asistió a la sagrada liturgia en la Casa Madre.

Tres días después, en Pascua, la Madre regresó a la casa de los hermanos y le dijo al hermano Andrew que los hombres podían tomar las decisiones sobre esos asuntos. "Fue un gesto grandioso de parte de la Madre", expresó el hermano Andrew tiempo después. Establecieron una dinámica de respeto mutuo: *Ella me dio una libertad total, aun cuando no estaba de acuerdo conmigo. Pero hay que decir que podía enojarse y resentirse, y lo demostraba.*[35]

Si se enojaba, siempre se apresuraba a disculparse y perdonar. La misericordia era su característica primordial y su principal respuesta al llamado de Cristo. Exhortaba a las hermanas a ser buenas unas con otras. *Prefiero que cometan errores con amabilidad a que obren milagros con crueldad.*[36] Esta amabilidad de espíritu fluía de su corazón misericordioso.

El Papa Francisco, aunque la vio solo una vez, en 1994, lo reconoció. Para el calendario litúrgico de 2015-2016 instituyó en la fe católica un "año de misericordia" mundial, que finalizó triunfantemente con su canonización. En esa ocasión la llamó una "incansable trabajadora de la misericordia" y resaltó: *Para la Madre Teresa, la misericordia era la 'sal' que daba sabor a su obra.*[37]

No fue el único en llegar a esta conclusión. Durante los años siguientes a la muerte de la Madre Teresa, los asuntos y los viajes misioneros con estudiantes me llevaron a Calcuta dieciséis veces. En cada viaje buscaba a las hermanas sobrevivientes del grupo que dio origen a las Misioneras de la Caridad. Estas mujeres parecían veteranas de una larga guerra, sobrevinientes de un gran combate espiritual. Yo quería saber cómo había sido vivir cerca de la Madre Teresa durante esos extraordinarios años, a finales de la década de 1940 y principios de 1950. Cada una de las nueve hermanas con las que hablé mencionó, con cariño y admiración, su capacidad para perdonar. La hermana Mónica, que había entrado en 1952, me contó que "su perdón" era la cualidad más grande de la Madre: "La Madre siempre perdonaba con generosidad". La hermana Margaret Mary, la décimo primera en unirse, recordó que una vez cometió el error de aceptar un regalo que iba en contra de su voto de pobreza. La Madre la tomó de los hombros mientras la corregía, pero tan pronto terminó de hablarle, nunca más lo volvió a mencionar.

Las hermanas que conocieron a la Madre tiempo después hacían eco de estos sentimientos. La hermana Nirmala, que continuaba el trabajo de la Madre como guía de las MC, admiraba su capacidad de perdonar: "Siempre les daba otra oportunidad a aquellos que la querían, siempre que hubiera esperanza". La hermana Mangala, una MC que conoció a la Madre durante más de veinticinco años, me dijo: "Mi rasgo preferido de la Madre era cómo perdonaba y olvidaba". La hermana Prema, que se unió a las MC en 1980 y reemplazaría a la hermana Nirmala como líder, recordaba a la Madre decir: "Si te juzgo, no tengo tiempo para amarte". "La misericordia", dijo, "se había convertido en la segunda naturaleza de la Madre y su actitud era ponerse en los zapatos de las demás personas, amarlas y aceptarlas tal como eran".

La Madre no solo ofrecía misericordia, también la buscaba. Habitualmente le pedía perdón a Dios y a quienquiera que hubiese ofendido. "La Madre paciente y humildemente hacía fila para confesarse cada semana, como cualquier otra persona, para recibir la misericordia de Dios", recordaba la hermana Nirmala. También buscaba la absolución de los demás; en una pelea privada con amigos sobre un asunto de negocios en el que aconsejé a la Madre, vi una carta que había escrito a mano a las partes, en la que les pedía perdón por la forma en que les había hablado y el daño que, sin intención, había provocado. Expresaba su amor por ellos y la terminaba con un segundo pedido de perdón.

Una vez me atreví a corregir a la Madre. Ella había escrito una carta al presidente Clinton y, en lugar de enviarla a través de los canales usuales de las MC, le pidió a un hombre de negocios de la India, quien viajaría a los Estados Unidos, que la llevara directo a la Casa Blanca. Cuando descubrí el asunto, la llamé por teléfono a Calcuta para comentarle mi preocupación por la transmisión fortuita de esa comunicación tan sensible. No dudó en disculparse: "Oh, no debería haber hecho eso. Me equivoqué. No volveré a hacerlo". Los dos comenzamos a reírnos. Era más difícil saber qué era más ridículo: su arrepentimiento o mi rol de confesor.

CAPÍTULO 9

Una cristiana llena de gozo

El milagro no es que hagamos esta obra, sino que estemos felices de hacerla.

—MADRE TERESA

La Madre Teresa pensaba que el gozo es la red con la que atrapamos las almas. Ella sabía que una fe basada en el temor, en la vergüenza o en la culpa por el pecado no está impregnada de gozo. La religión no debería ser un canal para exteriorizar el enojo, para juzgar a los demás o para alimentar un sentido de superioridad moral. Ella sabía que muchos cristianos miraban con desdén a su prójimo, como diciendo: "Yo estoy bien y tú estás mal; yo conozco la verdad y tú no. Yo me voy al cielo y tú no".

Nadie puede dudar de la seriedad de las creencias de la Madre. Ella sabía muy bien que había un final feliz para nuestros días en la tierra, y que el Dios que prometía la vida eterna es un Dios confiable. No era una cristiana severa. Su sonrisa era luz en sí misma. Amaba reír y muy a menudo lo hacía de sí misma. La Madre conocía la importancia de la risa en medio del sufrimiento. Algunos momentos de gozo inesperados le recordaban que la fidelidad de Dios tenía la última palabra, y no nuestra imperfección.

San Pablo escribió: *Alégrense con los que están alegres y lloren con los que lloran. Vivan en armonía unos con otros, no quieran sobresalir, pónganse a la altura de los más humildes. No presuman de sabios.*[38] Eso mismo era la Madre. No permitió que la pobreza devastadora y la miseria implacable de Calcuta —o de cualquier otro lugar en donde abriera una misión— le privara del gozo del evangelio. Su fe firme le decía que el sufrimiento no tenía la última palabra. Su bello corazón humano sabía que las Hermanas y ella necesitaban reírse y disfrutarse como parte de una vida equilibrada. Sin esos momentos de gozo y desahogo, las adversidades que enfrentaban probablemente las habrían abrumado.

Ella estaba llena de ocurrencias que divertían a sus amigos y aliviaban la carga a sus Hermanas. Cuando una amiga le dijo que no podía pasarla a buscar porque tenía fiebre, la Madre le respondió: "Yo también tuve fiebre, pero es mejor arder en este mundo que en el próximo". En un control fronterizo cuando estaban cruzando a Gaza, los guardias le preguntaron si llevaba algún arma, a lo que respondió: "Oh, sí, mis libros de oraciones". Una de sus primeras seguidoras, la hermana Camillus, me contó la historia de cómo reaccionó la Madre cuando vio a una jovencita con una minifalda. Cuando estuvo lo suficientemente lejos de la joven como para no ser oída, le dijo a la hermana que fuera y le consiguiera un vestido adecuado porque seguramente era tan pobre que no le había alcanzado el dinero para comprar más tela.

La Madre tenía un don que le permitía saber cuándo debía ponerse seria y cuándo debía tomarse las cosas ligeramente. Creo que su sentido del humor maduró al compás de su relación con Jesús. Él también sabía apreciar una broma en el momento justo (después de todo, le gastó una broma a Pedro con el impuesto del templo que debía pagar con una moneda extraída de la boca de un pez).

Del mismo modo, el sentido del humor y la humildad de la Madre la protegían, permitiéndole ser testigo de su propia fama. Cuando se publicó el libro de Malcolm Muggeridge, *Something Beautiful for God* [Algo hermoso para Dios] en 1971, él y la Madre realizaron una serie de televisión y la prensa los entrevistó juntos. Mientras iban en el auto entre evento y evento, Muggeridge hojeaba el *New York Times* y ella vio un gran aviso del libro con una enorme foto suya, a lo que subrayó: "¡Ahí está ella!".

Le causaba gracia esto de su reputación de santa. Sandy McMurtrie una vez estaba viajando con la Madre Teresa y la hermana Priscilla, una de sus consejeras más confiables, cuando la conversación comenzó a disgustar a la hermana. La Madre le dio unas palmaditas y le dijo: "Vivir con los santos en el cielo es paz y gloria; vivir con una santa en la tierra es otra historia". La Madre se rio a carcajadas de su propio chiste, pero la hermana Priscilla no le encontró la gracia.

Una vez estábamos cruzando la frontera para ingresar a Estados Unidos, desde Tijuana al aeropuerto Brown Field de San Diego, donde la Madre Teresa debía abordar un avión pequeño. Después de mirarla a través del vidrio de nuestro vehículo y echar un vistazo a su pasaporte diplomático indio, el oficial de migraciones colocó una tarjeta roja bajo mi limpiaparabrisas y ordenó que se realizara una "inspección secundaria" a nuestra camioneta. Esta área restringida era donde se llevaban detenidas temporalmente a las personas sospechosas mientras sus vehículos eran inspeccionados en busca de mercancías ilegales. Yo estaba aturdido. ¿Ellos pensaban que la Madre Teresa estaba contrabandeando cosas a

Estados Unidos? Jan Petrie, que frecuentemente viajaba con la Madre, dijo en broma: "Los soviéticos tratan a la Madre mejor que los norteamericanos".

Yo me estaba enfureciendo cada vez más, cuando los agentes antidrogas comenzaron a inspeccionar nuestra van. Mortificado porque mi propia nación estuviera tratando a la Madre Teresa como una presunta criminal, salí echando humo hacia la oficina del supervisor y en voz alta le informé al oficial a cargo que su gente acababa de enviar a la Madre Teresa de Calcuta a una inspección secundaria. Él se puso pálido, saltó de su escritorio y fue a toda prisa a la zona donde estaba detenida. Para ese momento, la Madre había salido del vehículo y estaba regalándole medallitas sagradas a la multitud de norteamericanos y mexicanos que la rodeaban. El supervisor no sabía cómo disculparse y nos envió de regreso a continuar nuestro camino. En todo este incidente la Madre parecía estar entretenida más que ofendida. Simplemente se encogió de hombros y dijo: "Dios debe haber querido que conociera a alguien allí".

Con ella siempre había un tiempo para estar serios y un tiempo para reír. En 1989 fue a Phoenix para una reunión de oración de quince mil personas, y que contó con la presencia de la gobernadora de Arizona, Rose Mofford. Supuestamente yo tenía que recoger a la Madre cuando ella regresara a Tijuana al día siguiente, de modo que llamé al convento esa noche para obtener la información de su vuelo. Para mi sorpresa, la Madre atendió el teléfono. Cuando le pregunté cómo estaba marchando el evento, me respondió: "Acabamos de regresar. Había muchísimas personas allí para una hora de oración. Le pedí a la señora del gobierno, delante de todas esas personas, que me diera una casa. Le dije que, si no lo hacía, le llevaría a los pobres a su casa".

Un retaro oficial de la Madre Teresa en 1965, el año en que las Misioneras de la Caridad (MC) abreiron su primera misión fuera de India.

La Madre Teresa en Kalighat, en 1980. No lucía muy diferente cinco años después, cuando tuve mi primera experiencia con un moribundo en la cama 46.

Un niño de la calle duerme en el pavimento de un centro comercial subterráneo en Calcuta, en el 2019. La imagen todavía me atormenta, como si el niño se hubiese caído de la buena vida representada en el mural que está sobre él.

Mujeres pobres en la fila fuera de la misión de la Madre en Calcuta, en 1980.

La Madre con los Reagans en junio de 1985, sosteniendo la Medalla Presidencial de la Libertad con la que Ronald Reagan la galardonó.

La Madre montada en el Papamóvil con Juan Pablo II, en Calcuta, el 3 de febrero de 1986. Ella lo llamó "el mejor día de mi vida".

El Senador Mark Hatfield y yo disfrutando de unas risas con la Madre, en frente del convento Anacostia de las MC (Misioneras de la Caridad), en junio de 1986.

El Presidente George H. W. Bush y la Primera Dama Barbara Bush reciben a la Madre y a la Hermana Dolores en la Oficina Oval, en diciembre de 1991.

La Princesa Diana y la Hermana Federica en la casa principal de Calcuta, en febrero de 1992. La Madre estaba enferma ese día, pero visitó a Lady Di en Roma unas semanas después.

La Primera Dama Hillary Clinton y su hija Chelsea visitan un orfanato de las MC en Delhi, en marzo de 1995. Tres meses más tarde, Hillary y la Madre abrieron un centro de adopción de las MC en Washington.

Mary (la Hermana Katrina) y su Superiora del Bronx, la Hermana Maria Lucy, le dan la bienvenida a Harry y Ann Griffith, los padres de Mary, en una visita en 1998.

En un viaje del equipo del congreso a Taiwan, Polly Gault y yo visitamos la casa de las MC en Taipei. Le pregunté a las hermanas si podía tomarme una foto con ellas y Polly capturó su sorpresa cuando repentinamente hice esta pose.

La Madre y yo después de una misa al aire libre en Tijuana, México, en febrero de 1989.

La Madre entregando medallas milagrosas en Memphis, Tennessee, en junio de 1989. Sandy McMurtrie y yo hicimos de guardaespaldas mientras miles esperaban para recibir una.

La Madre conectaba con todas las madres. Aquí saludando a una mujer y su recién nacido en Tijuana, en febrero de 1989.

La madre envió a treintaicinco hermanas a nuestra boda en Washington, D. C., en febrero de 1992. El Obispo William Curlin, el Monseñor William Kerr y Sandy McMurtrie se nos unieron para la foto.

Sandy McMurtrie y Jan Petrie
en 2016

Roni Daniels (enfermera 24 horas
de la Madre) con la Hermana
Prema, la Superiora de las MC,
en diciembre de 2016.

El Padre Joseph Langford,
de las MC, y Brian
Kolodiejchuk en 1989.

La familia Kumar (Jessima, Arjun, Gita, Preah, Naresh y Sunita) con mi hijo
John en casa de los Kumar en Calcuta, mayo de 2019.

Había llevado a la Madre a Regalo de Paz en mayo de 1986 y le pregunté si podía tomarle una foto para ponerla en el libro de oraciones de las MC que me había regalado. No solo aceptó, también sonrió.

La Madre sosteniendo su salvavidas: su rosario.

Dear Jim and Mary,
we send you this
with great love. You will
treasure this, for we
found it in the drawer
of Mother table.
God bless you
M. Nirmala M.
15. 6. 2000

Habitación y oficina de
la Madre en la sede principal
de su hogar en Calcuta.

Esta nota de la Hermana Nirmala y
la foto familiar que incluyó, llegaron
desde Calcuta un par de años después
de que la Madre muriera. La había
guardado en su escritorio, para
nuestra total sorpresa.

La Madre cargando a Jamie cuando
él tenía trece meses de nacido,
en febrero de 1994.

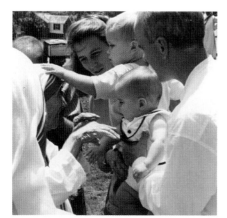

La Madre bendiciendo una
madella en la cadena de Mary,
unas horas después de su discurso
en el Desayuno de Oración
Nacional, febrero de 1994.

Jamie, de dos años, bendiciendo
a la Madre en junio de 1995.
La había visto hacerlo con sus
hermanas.

La madre saludando a Joe, nuestro segundo hijo, afuera de Regalo de Paz, en
junio de 1995.

La Madre, en su silla de ruedas y acompañada por la Hermana Nirmala, le regala medallas a nuestros hijos en el Bronx, en junio de 1997, diez semanas antes de morir. Fue la última vez que la vi.

La Hermana Francesca, miembro del grupo original que se unió a la Madre en 1949, con Marie, John y Mary en la Plaza San Pedro en Roma, durante la Misa de Canonización de la Madre. Septiembre de 2016.

El cuerpo de la Madre siendo transportado hacia la iglesia Saint Thomas para comenzar la procesión de su funeral. Cientos de miles se arrojaron a las calles de Calcuta para verla por última vez.

El cuerpo de la Madre durante su funeral en la iglesia Saint Thomas.

La tumba de la Madre en Calcuta. Con frecuencia, las Hermanas escriben mensajes en ella con flores de caléndula.

La vista desde mi asiento en la Plaza San Pedro, momentos antes de que comenzara la misa de canonización. Septiembre de 2016.

El Papa Francisco celebra la misa de canonización, en la que hice la primera lectura, en septiembre de 2016. Permanece como uno de los signos más certeros de la bondad y la compasión de Dios hacia mí.

El trabajo continúa. Dos hermanas firman sus votos perpetuos en la capilla de Regalo de Paz en Washington, D. C, en diciembre de 2020.

La Madre a menudo hacía bromas para empujar de manera gentil a las personas a hacer lo que ella quería. La hermana Nirmala, eventualmente sucesora de la Madre, recuerda una de esas ocasiones. Ella había guiado la primera expedición de las MC fuera de la India, en una misión a Venezuela en 1965.

> *En Venezuela era muy costoso contratar choferes", así que La Madre me escribió: "Quiero que aprendas a conducir". Yo estaba aterrada. Pensé que no sería capaz de tomar control del auto. Podría irse para un lado u otro del camino y provocar un accidente. Justo unos días antes, y por primera vez, me había sentado ante el volante con el sacerdote de nuestra parroquia. Era un auto grande, y nuestro sacerdote iba adentro; yo me salí del camino y choqué con un edificio.*[39]

Aterrada por esta experiencia, la hermana Nirmala le escribió a la Madre suplicándole que la excusara de aprender a conducir: "La Madre me respondió de inmediato: 'Hermana', escribió desde Calcuta, 'Nuestra Señora condujo un burro que llevó a Jesús. Quiero que conduzca un automóvil para llevarle a Jesús a los más pobres de los pobres'. Eso era suficiente. Aprendí a manejar", relató Nirmala mientras se reía recordando la escena. También me contó de una ocasión en la que llevó a la Madre Teresa a un picnic en la costa del Caribe, y la divertida tarde que pasaron con las hermanas. "Allí la Madre se relajó y jugó con nosotras a un juego de mesa, el Ludo. Nos reímos sin parar".

La Madre Teresa podía ser absolutamente juguetona por momentos con las hermanas. Durante la festividad de una de las monjas, el helado de chocolate estaba tan congelado que no podían sacarlo del envase con la cuchara. La Madre, bien entrada en sus ochenta años, le dijo a una de las hermanas que fuera y consiguiera un martillo. Para diversión de ellas, la

Madre lo sacó con cincel y martillo allí en la mesa de la cena en Calcuta, cortando las porciones para que todas comieran.

La hermana Marelda, una hermana MC que conocí en Calcuta en 2017, me contó una historia de unos años antes. Un día, mientras limpiaba la oficina en la casa general y la Madre se encontraba trabajando, llegó una enorme caja. Dentro del contenedor había una estatua semejante a la Madre Teresa sentada en una postura de oración meditativa. La Madre desenvolvió la estatua y le dio algunas bofetadas diciendo: "¡Despiértate, despiértate! ¿Por qué estás durmiendo?". Luego la puso de nuevo en la caja y la guardó en un depósito debajo de la escalera, donde permaneció hasta su muerte. (La imagen fue instalada eventualmente en la capilla, en el sitio donde la Madre solía sentarse).

Ella podía ser bastante pícara con sus hermanas. Cuando fue hospitalizada en California en 1991, sus admiradores le enviaban toda clase de regalos para expresarle sus deseos de pronta mejoría. Una vez que su neumonólogo, el Dr. Kline, y algunas de las hermanas entraron en su habitación, ella abrió una caja y sacó un camisón con volados. Sosteniendo la lencería en alto con un lápiz, dijo: "¡Miren qué bonito es!". Las hermanas y el doctor se echaron a reír. Luego encontró un par de prendas de ropa interior dentro de la caja y exclamó: "¡Oh, todavía hay más!". Se oían las carcajadas por todo el pasillo.

Incluso fui testigo de cómo su espíritu juguetón se volvió metafórico sin querer. Estábamos a las afueras de Tijuana mirando un sitio potencial para un nuevo seminario de los Padres MC, y nos habíamos reunido a orar en la propiedad. El padre Joseph Langford, el director de los Padres MC, estaba rezando en voz alta, cuando una cría de serpiente cascabel se escurrió por detrás de la Madre. Yo no quería interrumpir la oración, de modo que decidí no decir nada a menos que la serpiente avanzara y se colocara más cerca. Tan pronto como el padre Joseph finalizó el rezo, dije con firmeza: "Madre, por favor no se de vuelta. Camine hacia adelante. Hay una serpiente cascabel justo detrás de usted". En vez de hacerme caso, ella giró y vio la serpiente, luego se agachó y movió su dedo directamente hacia ella. "Oh, ¡mira esos ojazos tan grandes! ¡Guau!". ¡Si Eva hubiera hecho lo mismo!

Su manejo sensato de las situaciones grandes y pequeñas estaba intercalado con su total confianza en Dios. A menudo ella rezaba dando gracias de antemano por algo que acababa de pedirle a la Divina Providencia. A veces, si su oración no era respondida enseguida, se detenía y les decía a las hermanas: "Bueno, no queremos ir más rápido que Jesús". Y si la petición no le era concedida, ella destacaba: "Si Jesús no lo quiere, entonces nosotras tampoco lo queremos".

Cuando los problemas eran verdaderamente intrincados, ella sabía cómo usar el humor para calmar la ansiedad. A finales del verano de 1970, la Madre Teresa pasó seis semanas en Amán, Jordania, para ayudar a establecer una nueva misión orientada a los niños discapacitados. Casi inmediatamente después de marcharse, la batalla del Septiembre Negro estalló entre el ejército de Jordania y la Organización para la Liberación Palestina [OLP o PLO, por sus siglas en inglés]. Las hermanas confundieron los sonidos de las bombas y las ametralladoras con fuegos artificiales, pensando que habría alguna celebración local como el festival de las luces hindú, el Diwali. Al cabo de una semana, el bombardeo se acercó lo suficiente como para sacudir las paredes del convento. Una casa cerca de allí había sido bombardeada y destruida por completo.

Un día un grupo de hombres armados llegaron y registraron el convento, buscando enemigos o municiones. Se fueron enseguida, pero las mujeres quedaron conmocionadas.

La lucha se ciñó cada vez más, y las ventanas de los muros exteriores del complejo estallaron por la explosión de artillería pesada. Las hermanas y el pequeño grupo de niños que se refugiaban allí con ellas se acurrucaron en corredores internos. En la noche, los helicópteros sobrevolaban el vecindario en busca de combatientes. Fue un tiempo horroroso para las hermanas y sus vecinos.

Las monjas finalmente se las arreglaron para conseguir un teléfono, y llamaron a la Madre Teresa. "Le contaron sobre la violencia que estaban viviendo y querían saber si debían quedarse allí. Ella las escuchó sobre el asunto. Estaban dispuestas a quedarse". Entonces la Madre les dijo: "Llámenme cuando las hayan matado". Esta era la clase de ligerezas que solo ella podía decir con estilo. Las hermanas se rieron. Solo oír la voz de la Madre era toda la tranquilidad que ellas necesitaban sentir, y la chanza les ayudaba a lidiar con la dificultad. Las hermanas regresaron a la oración y al poco tiempo, cuando la batalla cesó, fueron de mucha utilidad para traer comida y medicamentos a los enfermos y heridos.

Jesús también era bromista con sus seguidores, incluso en tiempos de problemas. Tres días después de la crucifixión, se acercó a dos consternados seguidores que iban de camino a Emaús y no lo reconocieron, y les preguntó acerca de qué discutían. Casi no podían creer que no supiera nada de todo lo ocurrido en Jerusalén, y Jesús les preguntó inocentemente: "¿Qué cosas pasaron?", como si hubiera estado en otro lado. El toque suave de Jesús al responder a la ansiedad o el desánimo de los más cercanos a Él era un modelo para la Madre Teresa al liderar a las hermanas en sus propias pruebas.

Su disposición a la risa se acrecentaba con la edad. Parecía darse cuenta de que cuando uno crece, es importante no tomarse a uno mismo muy en serio. Este principio fue puesto a prueba en el último año de su vida gracias a una historia poco halagadora de la prensa internacional: el fiasco del llamado "Nun Bun".

Supe la historia en enero de 1997 cuando las MC de Calcuta me enviaron un fax de la portada de un periódico local que contenía una historia titulada "¿Es el NunBun un milagro?". Un empleado de la cafetería Bongo Java en Nashville, Tennessee, había horneado involuntariamente un rollo de canela que tenía una "llamativa similitud" con la apariencia de la Madre Teresa. El dueño del local, Bob Bernstein, aprovechó la oportunidad para hacer publicidad, y Bongo Java comenzó a vender las camisetas "Miraculous NunBun" ['milagroso panecillo-monja'], los marcapáginas "bun addiction" ['adicción al panecillo'] y tarjetas de oración con el lema "La inmaculada confección". También preparaban un "café de mezcla especial Madre Teresa" y tazas de café con la imagen del NunBun. El rollo original había sido laqueado para preservarlo, colocado en una vitrina especial y enviado de gira por el distrito de las cafeterías. Jay Leno bromeaba sobre el NunBun en *Tonight Show*, al igual que David Letterman.

Todo esto estaba bien para divertirse, pero como abogado me tocaba representar la privacidad de mi cliente. Yo no consideraba que Bongo Java tuviera el derecho de apropiarse de la imagen de la Madre Teresa para propósitos comerciales, y a juzgar por la atención que los medios le dieron al NunBun, era claro que los propietarios tenían intenciones de ganar dinero con él. Escribí una orden de cese y suspensión que, como respuesta, recibió una oferta de hacer una donación caritativa a las MC. Después de reportar a Calcuta que Bernstein no tenía planes de dejar de vender la mercadería del NunBun, la Madre Teresa le escribió en persona. La carta comenzaba así: "Le escribo para pedirle que deje de vender mercancía con mi parecido. Siempre me he negado a dar permiso para el uso comercial de mi imagen". Después de explicarle que no aceptaría ninguna porción de las ganancias de las ventas de Nun Bun como él le había propuesto, concluyó: "Mi asesor legal, el Sr. Jim Towey, le ha escrito pidiéndole que se detenga, y ahora yo misma se lo estoy pidiendo. Sé que no ha hecho nada con mala intención, y confío en que comprenderá y respetará mi deseo".

La carta de la Madre apenas había llegado a las manos de Bernstein, cuando la prensa local de Nashville la filtró y la reprodujo entera: "La Madre Teresa pide que dejen de vender 'Nun Bun'". El medio Associated Press publicó un artículo con el titular: "La Madre Teresa considera de mal gusto el 'Nun Bun'". El titular del *Washington Post* era similar: "La Madre Teresa rechaza la ganancia del Nun Bun". La revista *Times* presentó una historia titulada "La Madre Teresa se pone dura", la cual terminaba con una amenaza encriptada: "El abogado de la Madre Teresa, Jim Towey, intenta hacer algo al respecto".

Sin embargo, al final no tuve que hacerlo. La acción legal solo hubiera captado más la atención, aumentando las ganancias de Bongo Java. Pensé que la mejor forma de cerrar un trato era permitir que el local vendiese algunos artículos en el mostrador, siempre y cuando no usaran el nombre de la Madre o dejaran de promocionar la "inmaculada confección" (y no hicieran más publicidad en internet).

Tuve que presentarle este compromiso a la Madre durante su visita a Nueva York en junio de 1997, pero temía volver a sacar el tema. ¿Cómo iba a recordarle que la gente pensaba que un rollo de canela se veía como ella? Sabía que la Madre no era vanidosa en lo más mínimo, pero ¿qué mujer desea escuchar que el mundo piensa que luce como un panecillo?

Después de comenzar nuestra reunión con algunos asuntos legales y comerciales pendientes, pasé al tema del nunbun. "Madre, detesto sacar este tema, pero he pasado los últimos cinco meses tratando de resolver una disputa sobre el uso ilegal de su imagen". Ella estaba sentada en su silla de ruedas, y la hermana Nirmala, su sucesora recientemente elegida, estaba de pie a su lado, algo entretenida al reconocer el tópico en discusión.

"Madre, ¿recuerda la cafetería en Estados Unidos a la que le escribió una carta pidiéndole que dejaran de vender camisetas con el 'Milagroso Nun Bun', que tenían una imagen de un rollo de canela que, según ellos, se parecía a usted?", me encogí al pronunciar las últimas palabras.

La Madre Teresa asintió reconociendo el asunto, y una sonrisa le surcó el rostro. Ahí mismo me interrumpió y dijo: "La hermana Nirmala es ahora la superiora general. Pídales que pongan su rostro en una camiseta".

La Madre falleció antes de que lográramos finalizar el acuerdo. No importa. Sin la Madre, el truco del Nun Bun ya no era divertido ni interesante. Dios había intervenido y resuelto el asunto.

CAPÍTULO 10

En el palacio

Nunca busques la estima de este mundo.

—MADRE TERESA

En su discurso ante la Organización de las Naciones Unidas en 1985, la Madre Teresa le dijo a un salón lleno de dignatarios: "Si Jesús te pone en el palacio, sé Jesús para todo ese palacio". Esta es una observación que ha guiado mi vida, y la Madre practicaba lo que predicaba. Ella prefería los barrios marginados de Calcuta, pero a menudo servía como emisaria de Dios en el palacio (algunas veces literalmente, pues tenía que concurrir a palacios).

La Madre sufría considerablemente esta parte de su llamado, más aún cuando se convirtió en una celebridad internacional. Era pequeña y, durante los años en que la conocí, se hizo más frágil cada vez. No le gustaba mucho que los extraños la abrazaran e incluso llegó a pedirme que les dijera a quienes la rodeaban que, por favor, no la tironearan ni la besaran. Las multitudes que se juntaban a su alrededor en todas partes eran sofocantes. Ella describió una visita a Filadelfia en 1976, donde enjambres de personas la apretaban, como días "de mucho sacrificio". Comenzó a entender el viacrucis con una profundidad mayor. La policía, las multitudes, todo parecía como si *el Calvario se recreara hoy nuevamente*.[40] No obstante, reconocía que, de algún modo, eso les hacía bien a las MC y a los pobres. "Esta fama me resulta forzada", una vez me dijo, "pero la uso por amor a Jesús. La prensa hace que la gente sea más consciente sobre los pobres, así que vale la pena el sacrificio de mi parte".

Durante los doce años en que conocí a la Madre, sus viajes misioneros competían con los de Pablo de Tarso en los tiempos apostólicos. Su base estaba en Calcuta, pero a menos que estuviera hospitalizada o en recuperación, rara vez permanecía en un lugar por demasiado tiempo. Cada diciembre y cada mayo asistía rutinariamente a las ceremonias en donde las hermanas tomaban los votos, lo que significaba viajar a Roma, Washington, San Francisco o donde fuera. Entre 1985 y su muerte, en 1997, el número de MC aumentó en dos tercios, alcanzando casi cuatro mil, lo que le permitió armar equipos para más de trescientas misiones. La gran mayoría de esas nuevas fundaciones estaban fuera de la India y, para 1997, su red misionera se había extendido a ciento veinte países. La Madre asistía a la apertura de esos hogares cada vez que podía, y a medida que su salud flaqueaba, las hermanas las programaban de modo que ella saliera de la casa general en los meses más calurosos de Calcuta.

El Vaticano también la requería con frecuencia. Ella y el papa Juan Pablo II disfrutaban de una relación especialmente cercana, lo cual era un gozo para los futuros santos. Ella era diez años mayor que él, pero siempre fue una seguidora fiel, y él nunca dudó en usar el carisma y encanto de ella al servicio de la Iglesia. Ya fuera el Sínodo de Obispos, el Congreso Eucarístico, el Día Mundial de la Juventud o celebraciones de inauguración de años dedicados a María y a la nueva evangelización, la Madre Teresa acudía cada vez que él se lo pedía.

Ella abrió hogares en Cuba, Rusia, Beirut, Rumania y otros lugares adonde Juan Pablo II no podía ir, y a menudo establecía las bases para una eventual visita papal. Ella era su soldado fiel, alguien con quien él podía contar infaliblemente, una voz leal haciendo eco de la ortodoxia católica que él proclamaba. *Ella representaba mucho de lo que se consideran los temas centrales del pontificado del papa: la defensa de la vida, la protección de la familia, el cuidado de los pobres, la dignidad de la mujer, los derechos humanos de los hombres y mujeres más humildes*,[41] escribió George Weigel, el biógrafo más importante del papa polaco.

Nunca le dijo que no a él, y su "sí" a Juan Pablo II iba más allá de la mera obediencia: era algo profundamente personal, incluso maternal. Cuando un hombre casi se convierte en el asesino del pontífice al dispararle en mayo de 1981, la Madre Teresa voló inmediatamente de Calcuta a Roma para visitarlo en el hospital. Un año más tarde, al regresar de Portugal luego de otro atentado, ella acudió a la mañana siguiente para verlo.

Había un afecto genuino entre ambos. En una audiencia privada, cuando ella trajo a su cardiólogo para que le hiciera una visita de cortesía al papa, él la saludó diciendo: "Madre, ¡mi Madre!", y se inclinó y le besó la mano. Después de acompañarla a una audiencia privada, la amiga de la Madre, Sunita Kumar, comentó: "¡Él la trataba como si *ella* fuera el papa!".

Su influencia sobre él era evidente. *El papa visitó la India para realzar el trabajo de una gran amiga, cuya vida encarnaba el evangelio de amor que él consideraba el mejor método para hacer avanzar la propuesta cristiana en una cultura muy resistente a ella*,[42] escribió Weigel. Poco después de que Juan Pablo II regresó de ese viaje, que incluyó una visita a Kalighat, le concedió la petición de larga data de tener un hogar dentro de los muros del Vaticano para cuidar de los hambrientos y los sintecho.

Weigel describió su relación como "profunda e instintiva", recordando la amistad de otros santos contemporáneos, tal como Francisco de Asís y Clara, Francisco de Sales y Juana de Chantal, y Juan de la Cruz y Teresa de Ávila. La Madre y Juan Pablo II trabajaban en conjunto, usando los medios de comunicación para ayudar a los pobres y difundir el evangelio, aunque él se sentía mucho más cómodo que ella ante los reflectores.

A pesar de que los viajes y las apariciones públicas a favor del Vaticano y las MC le costaban mucho a la Madre, rara vez se quejaba. Aceptaba los rigores de los viajes internacionales y el brillo de los medios que forma parte de ser una celebridad.

Tennyson escribió: *Debemos amar lo más alto cuando lo vemos.*[43] La Madre personificaba esto; todos simplemente eran atraídos hacia ella. En un mundo complicado como el nuestro, las personas se sentían desesperadas por alcanzar algo mejor. Gente prominente venía en multitudes a ver a la Madre. El excampeón de peso pesado, Mohammad Ali, rompió en llanto después de verla. La estrella cinematográfica Julia Roberts vino a ver a la Madre cuando se estaba recuperando de una enfermedad en California. La actriz Penélope Cruz pasó una semana en Calcuta, ayudando en la clínica de leprosos de las MC, y reportó que después de su encuentro "quedó asombrada de ella".[44] La misma tarde de su fallecimiento, la Madre Teresa fue llevada en su silla de ruedas para saludar a Shashikala, la actriz de Bollywood, que había venido a la casa general para recibir una bendición.

Los políticos de todas partes del mundo buscaban su bendición, así como ella buscaba su ayuda para poder impulsar su misión entre los ciudadanos más pobres. Indira Gandhi, la líder del país adoptado por la Madre, fue su amiga por dieciséis años. Poco después de que la Madre ganó el Premio Nobel de la Paz, en 1979, Gandhi le concedió el Bharat Ratma, el honor más alto para un civil en India, y le dio un pase libre de por vida para volar en Air India para ayudar a difundir su amor y buenas obras, diciéndole: *Estar con ella es sentirse completamente humilde, sentir el poder de la ternura y la fuerza del amor.* Su alta estima parecía ser mutua. La Madre alabó a la primera ministra en una ocasión "por hacer algo muy cristiano" al abrirles las puertas a millones de refugiados de Bangladesh. En 1984, Indira Gandhi fue asesinada por los miembros de su propio servicio de seguridad. En el funeral, la Madre Teresa levantó una plegaria por su amiga hindú: "viva su alma en paz por siempre".

Políticos norteamericanos de todas las facciones —desde George W. Bush hasta Bill Clinton, de Ted Kennedy a Pete Dominici— la tenían en alta estima y le pedían reuniones cada vez que visitaba Washington. Bob Dole vino a verla cuando estaba postulándose a presidente en 1996. Hablaron sobre el deseo que él tenía de llevar a las MC a China, y ella le entregó unas medallitas y su bendición. Una vez fui testigo de un encuentro privado entre la Madre y la fiscal general, Janet Reno, durante el cual ella tomó la mano de Janet y, señalando dedo por dedo, contó las cinco palabras que regían su vida: "A mí me lo hiciste".

Nadie que tuviera un encuentro con la Madre salía de la misma forma. Ronald Reagan, Hillary Clinton y Diana, la princesa de Gales, no podrían haber sido más diferentes entre sí como figuras públicas. Sin embargo, en sus encuentros con la Madre yo observé conexión genuina y amor. Cada uno encontró en esta pequeña mujer de Calcuta algo que rara vez se puede captar bajo las luces de las cámaras: una amiga en quien confiar. El amor de la Madre realzaba sus vidas y era un bálsamo a sus almas.

Reagan no perdió tiempo en invitarla a la Casa Blanca después de su inauguración en 1981. Las MC disfrutaron de la colaboración del gobierno de los EE. UU., que le había enviado ayuda a la Madre a través de las Naciones Unidas y otras organizaciones no-gubernamentales por décadas. La Madre Teresa le dijo a su amiga Eileen Egan, cuando caminaban por Kalighat en 1957: "los alimentos del pueblo norteamericano han ayudado a revivir a estas personas. Estados Unidos será bendecido por hacer esta clase de cosas". En 1979, le escribió a Jimmy Carter elogiando la generosidad de su país al proveer cargamentos de comida a los Catholic Relief Services [Servicios de Auxilio Católico]: *Desde el mismo comienzo de la obra, su gente, a través de los Servicios de Auxilio Católico, han compartido el gozo de alimentar al Cristo hambriento, vestir al Cristo desnudo y darle un techo al Cristo vagabundo. En todos estos años, ya casi treinta, su pueblo siempre ha estado allí. Le doy gracias a Dios.*[45]

En Reagan la Madre encontró un amigo y mucho más. El presidente, casi del mismo modo que todos los demás, estaba asombrado por la diminuta monja que lo superaba en edad por seis meses. Su primera reunión tuvo lugar casi dos meses después de que él sobrevivió al atentado cometido por John Hinkley. La Madre le dijo que todo lo que había sufrido, lo había acercado a Jesús y a los pobres. ¡Demasiado para una breve charla! Cuando después los reporteros lo interrogaron acerca de su conversación con ella, Reagan simplemente dijo: "Yo solo escuché".

La nota de seguimiento que ella le envió después incluía una advertencia al presidente sobre el peligro de una guerra nuclear. *La presencia de armas nucleares en el mundo ha generado temor y desconfianza entre las naciones, ya que es un arma más para destruir la vida humana, que no es otra cosa que la hermosa presencia de Dios en el mundo. Así como el aborto se usa para matar a los niños por nacer, esta nueva arma se convertirá en un medio para eliminar a los pobres del mundo.*[46] Reagan ciertamente respetó su ingenuidad pura. Ella tenía esa clase de franqueza y su amistad se profundizó en los años de su presidencia.

Cuando la Madre Teresa fue internada en Roma en 1983, luego de su primer ataque del corazón, Reagan le envió rosas. Él y la primera dama, Nancy Reagan, se reunieron con la Madre en numerosas ocasiones, incluyendo dos veces en 1985. En junio de ese año, el presidente le concedió el más alto honor civil de los Estados Unidos, la Medalla Presidencial de la Libertad. Después de entregársela, bromeó: "Esta es la primera vez que otorgo la Medalla de la Libertad con la sospecha de que el receptor podría llevársela a su casa, fundirla, vender el oro y gastar el dinero en los pobres". El presidente firmó una foto del evento y puso: "Para la Madre Teresa, con gran aprecio y cálido afecto. Sinceramente, Nancy y Ronald Reagan". En la fotografía, él está tomando su mano entre las suyas, mientras la Madre Teresa y la primera dama se brindan respectivas sonrisas.

En los ojos de Reagan, la Madre no podía hacer nada malo. La Casa Blanca se ponía en acción cada vez que las hermanas que inmigraban desde la India precisaban visas, o cada vez que ella llamaba para hablar con el presidente. El hermano Goeff, un antiguo líder de los Hermanos MC, recuerda que una vez la Madre usó un teléfono público en la India para llamar a la Casa Blanca. Cuando le pasaron la llamada al presidente, conversó con él acerca de la ayuda para la hambruna en Etiopía.

Yo no entendía lo mucho que lo apreciaba como amigo hasta que él dejó el cargo. A principios de 1989 ella me llamó y me pidió que arreglara una reunión con los Reagan.

Cuando le recordé que ya había dejado su puesto, me respondió: "Lo sé. Por eso quiero verlo ahora. Me pregunto si alguien lo estará visitando".

Su preocupación para con su amigo que ya no estaba en el poder era conmovedora. Agendé la entrevista para el 10 de febrero de 1989 en Los Ángeles. Covenant House, una organización sin ánimos de lucro que ayudaba a los fugitivos, envió una furgoneta a recogerla en el aeropuerto y la condujo hasta las oficinas de los Reagan, en el edificio Plaza Fox, donde el servicio secreto personal nos escoltó a un ascensor privado para subir al piso 34. Mientras la Madre esperaba ser recibida, me pidió que le refrescara la memoria: "¿Qué premio fue el que me entregó? Creo que era algo por la paz".

Se reunió de manera privada con los Reagan por casi media hora, y luego fuimos incluidos quienes la acompañábamos para saludarnos y tomarnos una foto. Para cuando regresamos a planta baja, ya se había esparcido el rumor de que la Madre Teresa estaba en el edificio. Todo el mundo, desde corredores de bolsa hasta empleados de cafetería, corrieron a verla más de cerca.

"Estuvo muy bien haberlo visitado", dijo la Madre cuando finalmente regresamos a la camioneta. Estaba muy parlanchina cuando hablaba de los Reagan.

Él estaba feliz de verme. Al principio eran muy formales, pero luego se relajaron. Hablamos sobre la Unión Soviética. La Sra. Reagan dijo que nos ayudaría cuando nuestras Hermanas MC vinieran a Los Ángeles. Estaban felices de verme. Esta vez vine sin nada que pedirle, y creo que eso es bueno. Antes lo visitaba como a un presidente; ahora lo hago como a una persona común.

Yo tenía la sensación de que ella había encontrado en este líder mundial maduro algo raro en este punto de su vida: un par.

Hillary Clinton era la primera dama de los Estados Unidos cuando conoció a la Madre Teresa. Estaban en extremos opuestos respecto del tema candente del aborto. La Sra. Clinton era una acérrima defensora del derecho al aborto; la Madre Teresa lo condenaba. Su oposición ante el aborto era un componente central de cada discurso masivo que la Madre daba. En el capítulo 8 describí las declaraciones antiabortistas que la Madre hizo en el Desayuno Nacional de Oración en Washington D.C. en febrero de 1994. Fue después de ese discurso que se reunió con los Clinton.

Cuando hablé con ella al final, la Madre no dijo nada sobre el presidente —que seguramente no había disfrutado sus declaraciones públicas— sino que específicamente nos pidió que orásemos por la primera dama. Ellos habían hecho un acuerdo de trabajar juntos para abrir un centro de adopción en el área de Washington D. C. También dejó ver que la primera dama tenía lágrimas en los ojos al final de su charla. "La Sra. Clinton me prometió que nos daría un hogar para los niños que nadie quiere. Le escribiré una carta y después veremos qué pasa".

Escribió dos cartas, la primera dirigida al matrimonio: "En cuanto a nuestra conversación respecto de salvar los niños no nacidos del aborto a través de la adopción, quedé muy impactada por su preocupación y disposición a ayudar... Rezo para que juntos hagamos algo bello para Dios". Dos días después en Nueva York le escribió una segunda carta a la primera dama, reiterando su interés en abrir el hogar de adopción junto con ella. Cerró su carta diciéndole: "A menudo oro por ustedes dos, que mantengan el gozo del amor ardiendo en sus corazones y compartan este gozo con todos los que los rodean, especialmente con su familia. Tengan la bondad de rezar por nuestra sociedad [MC], nuestros pobres, y por mí".

Hillary Clinton venía de un año difícil —estaba siendo muy golpeada por la prensa por una iniciativa del sistema de salud— y parecía apoyarse en esta nueva amistad. En marzo de 1995, ella y su hija Chelsea visitaron a la Madre Teresa en su hogar de niños en Nueva Delhi, como parte de su viaje a la capital de la India. En una columna de opinión del *Washington Post*, la Sra. Clinton recordó su reunión inicial:

> *Corría febrero de 1994 y ella acababa de dar un discurso contra el aborto en Desayuno Nacional de Oración... Me contó acerca de sus hogares para huérfanos en Nueva Delhi y Calcuta, y me pidió ayuda para levantar un hogar similar... Aunque tenemos diferencias en algunos temas, encontramos un terreno común en la adopción".*

Dieciséis meses más tarde, en junio de 1995, después de mucho trabajo y esfuerzo, el nuevo centro de adopción abrió sus puertas en el límite oeste del Distrito de Columbia. Era una enorme casa estilo Tudor, en un vecindario residencial de clase alta (no exactamente del estilo de otros hogares de la MC en el mundo, pero guardando las instrucciones prácticas de la Madre, según las cuales el hogar debe ser cómodo y acogedor para las madres embarazadas y sus bebés). Cuando la Sra. Clinton llegó al hogar previo a la ceremonia, observé a la Madre recibirla y saludarla con calidez. Esta sociedad improbable se había tornado rápidamente en una amistad. Después del evento, cada una saludó a sus seguidores: la primera dama, custodiada por su servicio secreto, y la Madre, por mí.

Al fallecer la Madre Teresa, dos años después, la Sra. Clinton presidió la delegación de EE. UU. al funeral de Estado en

Calcuta. Eunice Shriver, el ícono de los derechos civiles John Lewis y otros líderes políticos, religiosos y empresariales, estaban incluidos en el grupo. Mary y yo también estábamos invitados, pero solo había un asiento disponible en el avión oficial, así que tuvimos que elegir quién iba. Como Mary todavía estaba amamantando a nuestro bebe de un año, decidimos que iría yo. Nuestra delegación de quince personas pasaría muchas horas en tránsito, y estaría en la tierra de Calcuta por solo dieciséis horas.

Luego de varias horas en el segmento de ida del vuelo, la primera dama se dirigió a la parte trasera del avión donde yo estaba sentado con la hermana Dominga y la hermana Teresa-Marie, dos de las MC representantes del Bronx que formaban parte de la delegación. Yo volví a presentarme y le recordé que la Madre varias veces nos había pedido que rezáramos por los Clinton, y cuán feliz estaba por haber logrado abrir el centro de adopción junto con ella. "La Madre la amaba", le dije.

La férrea primera dama se derritió como manteca. "Solía enviarme notas escritas a mano de tanto en tanto, contándome lo que estaba haciendo, y diciéndome que seguía orando por mí. Recuerdo que se sintió muy apenada de no poder acompañarme cuando estuve en Nueva Delhi con Chelsea". Luego hizo una pausa y agregó: "Yo recibo muchas cartas de odio de parte de los cristianos, de modo que nunca entendí por qué la Madre me amaba tanto".

Después del funeral y una corta visita al orfanato de las MC, nos detuvimos en la casa general para que la primera dama pudiera ofrecer sus condolencias a la hermana Nirmala, sucesora de la Madre Teresa, y para que pudiera hacer una oración ante la tumba, que los albañiles locales todavía estaban construyendo. Ya era tiempo de dejar Calcuta. Cuando subí las escaleras del avión, la Sra. Clinton estaba parada en la puerta, entregando pequeñas medallas de aluminio a cada uno que abordaba. "La hermana Nirmala me dio estas Medallas Milagrosas para regalarles", explicó. Yo había visto a la Madre Teresa colocar Medallas Milagrosas en un terreno en México donde quería edificar un seminario. La hermana Marelda me dijo que la Madre una vez había puesto una sobre la mano hinchada de una hermana, y que se había sanado al día siguiente. La Madre me había aconsejado que se las diera a las personas que sufrían de cáncer, junto con una oración especial y las instrucciones de dónde colocar la medalla. Pero ver a Hillary Clinton distribuyéndolas me sorprendió, y no pude evitar imaginarme a la Madre sonriendo ante esta escena desde su nuevo lugar en el cielo.

La relación entre la Madre Teresa y la Princesa de Gales es la más sorprendente. Ellas eran un dúo extraño. Una vestía un sari de algodón confeccionado por leprosos y la otra era la representación del glamur, vestida de alta costura, zapatos de diseño y joyas preciosas. Aun así, tenían mucho en común. Ambas sufrían la fama (aunque la intensidad en torno a Diana era mucho mayor que aquella que la Madre tuvo que enfrentar). Ambas eran conocidas por su compasión por los pobres y, particularmente, por los que sufrían de sida. Ambas usaron su inmensa popularidad para aliviar el sufrimiento de los marginados. También compartían una tristeza natural y su aversión a los fotógrafos.

Ellas están ligadas de manera permanente en la memoria pública porque Diana falleció solo cinco días antes que la Madre. Las muertes de estas dos mujeres amadas parecieron convulsionar al mundo de dolor. Algunos católicos sentían que la Madre Teresa fue soslayada por la prensa ante la cobertura del funeral de Diana al día siguiente. Yo no lo veo así. En mi opinión, Dios decidió que la Madre se deslizara por la puerta de salida de una manera que hiciera honor a su simpleza y humildad. El tiempo exacto le dio también a la India una medida de privacidad para lamentar la pérdida de su hija adoptiva predilecta.

Cuando Diana estuvo en Calcuta en febrero de 1992 para encontrarse con la Madre Teresa, ya estaba a punto de separarse de su esposo. La Madre se estaba recuperando de su cirugía cardiológica y no podía levantarse de la cama para recibir a la princesa, pero ordenó a las MC que desenrollaran la alfombra roja para la ocasión. Un coro de cientos de hermanas le dio la bienvenida a su visitante especial. Diana le escribió más tarde ese mismo día a su amigo y mayordomo, Paul Burrell:

> En este día algo profundo tocó mi corazón: fui al hogar de la Madre Teresa en Calcuta y hallé la dirección que estuve buscando por todos estos años. Las hermanas me cantaron a mi llegada, una experiencia espiritual tan profunda que me remontó a las alturas de mi espíritu.[47]

Ese despertar espiritual llevó a la princesa a buscar nuevamente a la Madre a las pocas semanas, esta vez en el convento de las MC en Roma. Se vieron por aproximadamente media hora y luego rezaron juntas en privado en la capilla del convento. Al año siguiente, la Madre estaba en Londres y Diana estaba tan ansiosa por verla que ella misma condujo su automóvil privado hasta el convento de las MC, sin decirle a nadie en el Palacio de Kensington y sin llevar ningún guardia de seguridad. Para este momento la princesa ya se había separado de su esposo, y la hermana Tanya, la superiora del hogar de Londres, piensa que ella y la Madre conversaron sobre la situación de la pareja real. La princesa había llorado durante su encuentro y abrazó a la Madre cuando se despidieron.

En 1995, iban a encontrarse nuevamente en el convento de Londres, pero los fotógrafos se arremolinaron en la entrada y la Madre cambió los planes. "Mejor vayamos nosotras", le dijo a la hermana Tanya. Planificaron que la Madre fuera llevada al Palacio de Kensington y entrara por una puerta lateral, de modo que ella y la princesa pudieran tener un encuentro privado.

La hermana Tanya, que estuvo con la Madre en cada una de esas tres visitas en Londres, sintió que el rol de la anciana monja con la princesa fue el de una madre, confidente y mentora espiritual. Ella dice que la Madre le enseñó a Diana cómo hacer la señal de la cruz, hablaron sobre los evangelios y rezaron juntas al término de cada reunión. La princesa necesitaba a alguien con quien abrir su dolido corazón. Pero era claro que solo Dios podía ayudarla. La Madre se convirtió en una mediadora de su divina asistencia.

Después de sus reuniones, la Madre solía tener los labios sellados respecto de lo que se había hablado, y solamente pedía que rezaran por la familia real. No obstante, en 1996 concedió una entrevista a la revista *Ladies Home Journal* que causó toda clase de inconvenientes. La Madre rara vez daba entrevistas. La periodista Daphne Barak había visitado Calcuta en busca de una, y la enviaron como voluntaria a Kalighat el día de Navidad. Allí se vio cara a cara con la Madre. En palabras de Barak, "terminaron tomándose de las manos, charlando con ella cual dos adolescentes". La Madre le preguntó si las historias sobre que el fin del matrimonio de Diana eran ciertas.

"Ciertamente parece que sí", afirmó Barak.

Se citó a la Madre Teresa respondiendo: "Creo que es una triste historia. Ella es un alma triste. Da tanto amor, pero necesita recibirlo a cambio. ¿Sabes qué? Es bueno que hayan terminado. Ninguno de los dos estaba feliz... ¿Qué sucederá ahora con los niños? Espero que se queden cerca de ella; es lo único que tiene".

Estas palabras causaron conmoción cuando aparecieron en el artículo, ya que tanto la prensa católica como la popular tomaron lo que parecía ser un apoyo de la Madre al divorcio. Tal declaración parecía contraria a todo lo que ella proclamaba, y más importante para ella, a las enseñanzas de la Iglesia católica.

Llamé a Calcuta para reportar las consecuencias de esta nota y me pidieron que averiguara si el relato de Barak era preciso. Hablé con Myrna Blyth, la editora en jefe de *Ladies Home Journal*, quien me aseguró que la cita era cien por ciento textual, pero se negaron a entregar la grabación de la entrevista. La Madre no creía haber dicho algo similar, pero no podía recordarlo bien. Me pidió que escribiera una declaración, la cual ella editó después y publicó más tarde: "No sé si este reporte de prensa salió por un malentendido, mala comunicación o error. Deseo dejar en claro que nunca le he aconsejado a nadie divorciarse". Hizo referencia a su "oposición de larga data al divorcio" y agregó: "Mi amor y mis fervientes oraciones están con la Familia Real durante este tiempo de dificultad". El *Washington Post* dudó de su aclaración con un titular: "La Madre Teresa y su retractación real". Al cabo de cinco meses el divorcio de la pareja estaba finalizado.

La última vez que la Madre Teresa y Lady Diana se vieron fue en el Bronx, el 18 de junio de 1997, menos de tres meses antes de sus respectivas muertes. Diana había continuado con su vida, enfocándose en sus hijos y en las actividades de caridad. Ese día en la mañana, la princesa se reunió con la primera dama, Hillary Clinton, en la Casa Blanca, y luego voló a Nueva York para despedirse de su "segunda madre", que estaba en su último viaje al extranjero, según sus planes.[48] Cuando la visita concluyó, la Madre caminó tomada de la mano con la princesa hacia la comitiva que la aguardaba. Diana se detuvo para besar a la Madre en la mano y la frente, y sintió la tibieza del abrazo de la mujer que había cambiado la dirección de su vida. Poco después de esa visita, Lady Diana donó setenta y nueve de sus vestidos para una subasta en Christie's, y destinó los 3,25 millones de las ganancias a los pacientes con sida y cáncer.[49]

La última declaración pública de la Madre fue una de condolencias después de la trágica muerte de su amiga: *Ella siempre estaba muy preocupada por los pobres; estaba ansiosa por hacer algo para ellos. Por esa razón estaba tan cerca de mí.*[50]

Ambas mujeres tuvieron un desenlace doloroso, que fue televisado mundialmente. La "princesa del pueblo" tuvo un funeral real en la Abadía de Westminster, visto por un estimado de 2,5 mil millones de personas, y que contó con la actuación de Elton John. Respecto del funeral de la Madre, trece mil visitantes con invitación personal, de diversos credos, incluyéndome a mí y a Hillary Clinton como miembros de la delegación de los EE. UU., llenaron un estadio cubierto en Calcuta. Antes de la misa, un millón de calcutenses hicieron fila en las calles de la ciudad para ver su cuerpo transportado en la misma carroza que habían llevado a Mahatma Gandhi en 1948. Habían venido a despedirse de una más de ellos.

Antes de que la princesa fuera puesta a descansar en su tumba, el rosario de perlas que una santa le había entregado fue colocado entre sus manos.[51]

CAPÍTULO 11

Respuesta a los críticos

No permitas que el pecado te haga pecar.

—MADRE TERESA

F ue bueno que la Madre Teresa haya cultivado la capacidad de perdonar y extender misericordia porque, a medida que su fama crecía, también lo hacía el número —y la vehemencia— de sus críticos. La Madre había desarrollado una corteza dura, para no ofenderse con facilidad. Durante los años en que la representé, nunca se defendió públicamente de las acusaciones falsas o del desprecio hacia ella. Sentía que Dios protegería su nombre si fuera necesario para él.

Los ataques cobraban diversas formas. Algunas eran simplemente críticas contra la enseñanza católica (especialmente sobre el aborto y la anticoncepción) en otra forma. Un ejemplo típico fue la feminista Germaine Greer, quien criticaba la visión antiabortista de la Madre ante la situación de aquellas víctimas de violación en Bangladesh, a comienzos de los años setenta, que quedaron embarazadas. *La Madre Teresa no les dio otra opción que dar a luz el fruto del odio. No hay lugar en el universo de la Madre Teresa para las prioridades morales de otros*, escribió.[52]

El más conocido de los críticos de la Madre fue el periodista Christopher Hitchens, que tenía el hábito de atacarla en columnas, artículos y televisión. Dos años antes de su muerte, publicó *The Missionary Position* [La posición misionera], que denunciaba un caso contra la Madre Teresa en cuatro líneas principales. La acusaba de codearse con los políticos corruptos y aceptar ganancias mal habidas de parte de donantes. Decía que los hogares dispensaban un cuidado de baja calidad. Alegaba que ella acumulaba donaciones y a la vez las malgastaba. Por último, en una crítica despiadada que solo puede verse como de naturaleza *ad feminam*, la llamó hipócrita, por no decir fraude.

Con la primera línea, Hitchens estaba esencialmente acometiendo contra ella por la compañía que a veces aceptaba. Le gustaba dirigir la atención a una foto de ella con la primera dama de Haití de aquel entonces, Michele Duvalier, concluyendo que la Madre estaba *chupando las medias de los ricos en vez de lavando los pies de los pobres*.[53] Otras críticas también denunciaban su reunión con Fidel Castro, el dictador de Cuba. Duvalier y Castro fueron solo dos en una larga fila de jefes de Estado (y sus esposas) que buscaron reunirse con la Madre y disfrutar la publicidad inevitablemente favorable. Ella consintió esas breves reuniones como el precio que tenía que pagar para que sus hermanas alcanzaran a los pobres sufrientes de Haití y Cuba. La Madre estaba decidida a llevar a sus monjas a los lugares de mayor necesidad. Durante su encuentro, Castro le dijo que no había gente pobre en Cuba, a lo que la Madre sabiamente respondió que seguramente habría residentes más ancianos a los que las hermanas podrían visitar. Esta maniobra le aseguró el permiso que necesitaba para abrir misiones para ayudar a los oprimidos de la isla. Ayudar a los cubanos no es lo mismo que condonar los crímenes del régimen de Castro.

La Madre abrió hogares de las MC en países del bloque oriental antes de la caída del muro de Berlín en 1989, así como también en Medio Oriente y otras zonas del mundo teñidas de conflictos políticos y militares. Se relacionaba con políticos cuando era necesario, pero nunca se enredaba en sus políticas. Su alto perfil público hizo que esto fuera una cuerda floja cada vez más difícil de transitar. Hitchens argumentaba que el trato de la Madre con los Duvaliers y los Castros del mundo hacían de ella una persona "políticamente operativa... cómplice de los poderes mundanos y seculares". Sencillamente malinterpretó las motivaciones de la Madre, o no pudo concebir otras. Ella sabía que, si el mismo Jesús pudo relacionarse con prostitutas, comer con pecadores e interactuar pacíficamente con los opresores romanos, entonces ella podría ser vista con líderes corruptos si eso era necesario para servir a los pobres.

La Madre comprendía la autoridad y el poder. Nunca los buscó tampoco, pero lo que sí buscó fue canalizar esas fuerzas al servicio de los desvalidos. Con ese objetivo, se reunió con individuos muy ricos e influyentes en el mundo. Ellos la buscaban, y ella hizo uso de ellos.

Uno de los argumentos preferidos de Hitchens tenía que ver con la relación de la Madre con Charles Keating, un magnate de ahorros y préstamos, y conocido filántropo de Arizona. Él donó más de un millón de dólares para una nueva misión que ella abrió en Phoenix. El dinero de Keating fue entregado; pasaron los años y luego fue imputado en California bajo los cargos de fraude, asociación ilícita y conspiración. Yo le informaba a la Madre la evolución del caso y cómo él había sido acusado de llevar a la quiebra a muchos inversores, incluyendo ancianos. "¿Cómo hizo esto?", me preguntó. Le conté que él afirmaba su inocencia, pero la evidencia no era buena. Ella se entristeció con la noticia y se preocupó especialmente por los que perdieron su dinero. En ningún momento del trato de la Madre con Keating, tuvo la menor idea de que hubiera dudas sobre su ética de los negocios. Una vez que supo la realidad, no aceptó más contribuciones del empresario y mantuvo una correcta distancia de él para no involucrarse en escándalos.

Pero tampoco le iba a dar la espalda. Después de que fue condenado, ella le escribió una carta al juez que lo sentenció pidiéndole indulgencia. Hitchens aprovechó esto al máximo, pero entonces no reconoció el precedente que Jesús sentó. Si Él no condenó a una mujer hallada digna de muerte según la ley mosaica,[54] la Madre debe haber sentido que ella podía interceder por su amigo caído. El fiscal adjunto del caso hizo un petitorio público para que la Madre devolviera el dinero. Esto fue un poco exagerado, dado que la donación de Keating había sido entregada en circunstancias de total inocencia muchos años antes, y el abogado no le hizo el mismo reclamo a las muchas organizaciones de caridad, iglesias y políticos que habían recibido dinero de Keating a lo largo de los años. La Madre no respondió esa nota. Nunca discutió conmigo las razones por las que no lo hizo, pero en general solía ignorar a sus críticos. Y sabía que el dinero había sido dado para los pobres y había sido usado para su beneficio. El dinero no estaba en su poder como para devolverlo.

La culpabilidad por asociación era un ardid constante en Hitchens y otros críticos de la Madre. Constantemente machacaban el caso de Donald J. McGuire, un sacerdote bien conocido de la Madre y las hermanas. Lo conocí a fines de la década de 1980 y estuve con la Madre en varias ocasiones en las que McGuire repartió encanto y piedad por medidas iguales. Predicaba de manera convincente las enseñanzas y la espiritualidad católicas, e infiltró hábilmente la red de las MC con sacerdotes-asistentes que conducían retiros, brindaban dirección espiritual y escuchaban las confesiones de las hermanas. Una década después del fallecimiento de la Madre, fue condenado en Wisconsin por haber abusado sexualmente de dos estudiantes, y dos años más tarde en la Corte Federal, por viajar para involucrarse en actos sexuales con un adolescente. Fue sentenciado a veinticinco años en una cárcel federal. Se mantuvo obstinadamente impenitente, nunca se disculpó ante sus víctimas y murió tras las rejas en enero de 2017.

La Madre ignoraba por completo el lado oscuro de McGuire. Ella jamás se habría asociado con él, o hubiera permitido que merodeara a las hermanas, de haber tenido alguna razón para creer que traicionaba su sacerdocio. Irónicamente, McGuire evitaba ser detectado jugando el rol de víctima. Con frecuencia representaba el papel de que sus superiores jesuitas lo investigaban y perseguían porque su visión tradicional estaba opuesta a la de ellos. Alegaba que era un intento de socavar su ministerio. Así fue como explicó su estadía temporal en un lugar de salud mental donde los jesuitas lo habían enviado en 1993 para una evaluación psicológica. El padre John Hardon, otro jesuita y un confiable asesor de la Madre, también había sido embaucado por McGuire. Cuando ella cuestionaba algunas cosas sobre la situación, Hardon siempre le aseguraba la inocencia y rectitud de McGuire, particularmente durante su visita a Calcuta en 1994, cuando intentaba continuar con su ministerio.

Poco después de esa visita, fue enviada una carta con la firma de la Madre al superior jesuita de McGuire, recomendando su pronto regreso al servicio sacerdotal. Esta carta salió a la luz durante el juicio a McGuire en 2006, y fue publicada como una revelación en 2012. Habiéndola visto, puedo asegurar que no fue hecha ni preparada por la Madre o alguna de las hermanas. Para empezar, la carta estaba fechada al estilo americano, que pone primero el mes y luego el día; la Madre fechaba sus cartas al estilo europeo, comenzando con el día. Estaba mecanografiada con un encabezado incorrecto; incluso el tamaño de papel no era el adecuado, y la Madre casi siempre escribía a mano la correspondencia delicada. La carta incluía frases que ella nunca empleaba, refiriéndose a sus superiores regionales como "asistentes regionales", por ejemplo, y cuatro consejeros electos como "mis cuatro asistentes". Lo más revelador es que incluye una lista de los retiros a los que McGuire asistió junto con los nombres de las trece hermanas que los organizaron, información que solo pudo haber provenido de él y no de la Madre. Es casi seguro que la carta haya sido hecha por el propio McGuire o bajo su supervisión, y que la Madre simplemente la haya firmado sin leerla cuando le fue entregada por alguien en quien ella confiaba, muy probablemente el padre Hardon.

Los reportes de los medios de comunicación del tiempo del juicio a McGuire lo presentan como el confidente espiritual de la Madre Teresa, una falsa imagen que él mismo difundió. En un folleto promocional que circulaba el año en que la Madre murió, se describía a sí mismo como el "director de retiros de la Madre Teresa". Fueron cientos los sacerdotes que oyeron la confesión de la Madre Teresa o que supervisaron retiros para ella o las hermanas. McGuire no era su director espiritual ni su confesor regular, aunque él maquinó incansablemente para convencer a todo el mundo que lo era.

Aunque la Madre Teresa no hizo nada incorrecto y confió naturalmente en el concepto que el padre Hardon tenía de McGuire, la sombra de su relación con el desacreditado exsacerdote se cernía sobre ella. Si ella hubiera estado viva para enterarse de la depravación moral de McGuire, no se habría preocupado por su propia reputación. En cambio, se habría dolido por las víctimas, sus familias y todos los que se escandalizaron por esta terrible y criminal conducta.

El acercamiento de la Madre Teresa al cuidado de los pobres fue el segundo foco de crítica. Esa era la eterna queja de Aroup Chatterjee, un médico educado en Calcuta que vivía en Londres. Se quejaba de que sus programas eran demasiado primitivos. Kalighat, su hogar para moribundos en Calcuta, fue uno de los blancos preferidos de Hitchens. "Las instalaciones son asquerosamente simples: rudimentarias, sin rigor científico, y están a millas de distancia de la concepción moderna de lo que la ciencia médica se supone que debe hacer", opinaba Hitchens.[55] Ellos demandaban una actualización en el nivel de cuidados que ofrecían, argumentando que ella tenía los recursos para instalar equipamiento médico moderno y contratar profesionales entrenados.

Pero las MC no estaban atendiendo un hospital. Las hermanas eran movidas por la fe a ayudar a las hordas de gente desesperada que moría en el suelo afuera de sus puertas. Estaban respondiendo a "Jesús en su angustiante disfraz". Kalighat fue un hogar para que los moribundos pudieran ser conocidos por su nombre, estar limpios, ser tratados como familia y, sobre todas las cosas, ser amados y acompañados en sus días finales. Las hermanas nunca cobraron una rupia por sus servicios, que incluían algunos cuidados médicos de emergencia. En numerosas ocasiones, yo mismo vi a las hermanas utilizar pacientemente sus pinzas para extraer gusanos de las grandes heridas en el cráneo de algún paciente (donde el cerebro estaba expuesto) y en sus piernas (donde se les veían los huesos). No podían enviar a sus pacientes a los hospitales de la zona porque esas instituciones no reciben a gente de la calle. Aplicar un estándar del primer mundo a los desafíos que las MC enfrentaban en una instalación residencial como Kalighat es realmente absurdo. Siempre había a disposición analgésicos, antibióticos y otros insumos médicos necesarios. Ellas hacían lo que podían con lo que tenían, y las personas que estaban muriendo estaban mucho mejor gracias a sus esfuerzos, "rudimentarios" o no.

Hitchens vacilaba entre declarar que la Madre no se preocupaba por el sufrimiento de ellos y argumentar que quería que sufrieran por causa de su visión religiosa. Es difícil tomar esas acusaciones en serio. No puedo pensar en otra persona del siglo XX que hiciera más por aliviar el sufrimiento de la gente que la Madre Teresa. Las MC no estaban equipadas para tratar el dolor de la forma en que un hospital moderno lo haría, pero hacían lo que podían con lo que tenían para hacer sentir cómodos a los residentes de Kalighat. ¿Algunas veces las hermanas usaron la misma aguja hipodérmica o los guantes de látex con más de un residente? Sí, pero esto se debió a que las líneas de suministros no fueron confiables durante muchos años. No tenían más opción que desinfectar y reutilizar lo que tenían a mano. Ninguno murió por esta práctica. Más aún, una visita a Kalighat en la actualidad arroja una imagen distinta a la de ese entonces, porque las MC y la ciudad misma han mejorado sus sistemas. Los analgésicos, vías intravenosas y otras intervenciones médicas están regularmente disponibles gracias a los grandes avances de las MC en la India y en todo el mundo.

Muchos críticos deseaban que la Madre Teresa fuera más allá de aplacar la miseria de los pobres y se encargara de los problemas de la sociedad que generaban la pobreza. Ella enseguida respondía que esa no era su misión. *Cada uno tiene una tarea para servir a Dios en lo que se sienta llamado a hacer. Yo me siento llamada a ayudar a las personas, no a involucrarme en estructuras o instituciones,*[56] escribió la Madre. Ella recalcaba que las hermanas no eran trabajadoras sociales ni una extensión del gobierno: eran monjas llevando el amor de Dios en su tarea cotidiana. Los críticos eran libres de abrir y manejar clínicas o comedores comunitarios de acuerdo con sus altos ideales. Hay un proverbio español que reza: "No es lo mismo hablar de toros que estar en el ruedo". Esos críticos evitaban constantemente el ruedo. Si en realidad se hubieran abocado a trabajar con los pobres, hubieran visto los enormes desafíos que la Madre Teresa —y todos los que se ocupan del hambriento, el enfermo y el moribundo— enfrentaban.

En cuanto a la forma en que la Madre manejaba el dinero, a Hitchens y Chatterjee les encantaba retratarla como acumuladora, llena de dinero, que forzaba a sus seguidores a abrazar la pobreza y a mendigar más. *Bajo el manto de una pobreza declarada aun solicitaban donaciones, trabajadores, comida y otras cosas de los comercios locales,* a pesar de presentar balances e informes bancarios abultados, dijo Hitchens.[57]

Es importante observar que las MC no solicitan donaciones. La Madre prohibió estrictamente el levantamiento de fondos. El dinero llega a las MC porque la gente hace contribuciones y dona propiedades por su libre albedrío. Las Misioneras de la Caridad administran lo que reciben para las necesidades actuales y futuras. Es verdad que la Madre era austera. Ella y sus hermanas no desperdiciaban nada. Sabían la diferencia que unos pocos dólares podían hacer entre los que no tenían un centavo, y deseaba honrar esa pobreza a través de una mayordomía prudente. El voto de pobreza de las MC cultivaba una ética de no desaprovechar nada. Lo vi con mis propios ojos cuando comía con la Madre y la miraba juntar y comer con sus dedos cada simple grano de arroz en su plato.

Su sari a menudo estaba gastado y ella misma remendaba las roturas en la tela en vez de reemplazarlo. Como la Madre no cambiaba sus saris gastados por otros nuevos, las hermanas mantenían por semanas uno similar como sustituto, y luego se lo cambiaban a escondidas.

Cuando Hitchens no estaba criticando a la Madre por su frugalidad, estaba arremetiendo contra ella por gastar demasiado. *Las vastas sumas de dinero que consiguió se gastaron mayormente en edificios para conventos en honor a ella,*[58] afirmó. Aquí también Hitchens estaba completamente equivocado. Las MC rara vez construían nuevos conventos. Recibían conventos abandonados y otros edificios en donación en los lugares que servían; solo un pequeño porcentaje de sus fondos alguna vez fue destinado a comprar o refaccionar propiedades. Y en cada lugar que ella abría una misión, había personas generosas que la localizaban para unir fuerzas. Dwayne Andreas, el CEO de toda la vida de la empresa multinacional agrícola Archer Daniels Midland (y padre de Sandy McMurtrie), formó equipo con ella para enviar contenedores con toneladas de alimentos a Haití y otros países en desarrollo. Tom Flately, un desarrollador de Boston, compró dos casas en Massachusetts para que las MC acogieran a mujeres y niños. En 1989, Tom Owens, un alto ejecutivo de IBM, la ayudó a construir un hogar de niños en Tijuana. Ella se sentó con él y, con un rotulador azul, dibujó en una servilleta de papel un diseño, habitación por habitación, de la casa que imaginaba. Tom y yo nos sentamos asombrados mientras ella explicaba con detalles su visión. También diseñó una habitación para niños con tuberculosis, y le llamó "Sala de TB" [*TB Room*]. Tom escuchó mal y le prometió que pondría una enorme TV para los niños, lo que la hizo reír a carcajadas. Él pagó toda la edificación de esa casa siguiendo las especificaciones que la Madre le había dado; la inauguró al año siguiente y, hasta hoy, alberga a docenas de niños. La Madre no veía al mundo compuesto por ricos y pobres y todos los del medio. Ella no juzgaba a las personas adineradas, pero les hacía sentir que podían darle buen uso a su dinero.

La sabiduría de la Madre en no derrochar el dinero y hacer un colchón de ahorros ha sido vindicada. Los fondos que se juntaron durante su vida todavía subsidian la red de programas de caridad que construyó en todo el mundo. Los balances de las cuentas que las misioneras mantienen no son tan grandes como a fines de la década de 1990, pero las MC no se preocupan. Ellas dependen de la divina providencia, y Dios sigue proveyendo.

La crítica más mordaz de Hitchens se la dirigió a la Madre Teresa personalmente. Ante sus ojos, ella era una hipócrita y engañadora de oficio que promovía el "mito de la santidad". Para un ateo como Hitchens, parecía que ella estaba proyectando un estilo de vida de pobreza mientras disfrutaba del botín de la elite. Es cierto que la Madre Teresa volaba de tanto en tanto en primera clase en las aerolíneas comerciales. (Germaine Greer una vez compartió la misma cabina con ella y desaprobó el hecho de que la Madre no comió ni bebió nada, y ni siquiera se levantó de su asiento en todo el vuelo). La Madre volaba en primera clase porque la aerolínea así se lo pedía; su presencia en la cabina causaba tal conmoción que las azafatas no podían atender a los demás pasajeros. La Madre no pensaba en los lujos, y simplemente hacía lo que la aerolínea consideraba mejor para todos.

En los últimos años de su vida aceptó el ofrecimiento de personas conocidas para volar en sus aviones privados. Esta facilidad le permitía pasar más tiempo en la misión y menos en los aeropuertos. Además, estaba el beneficio adicional de poder descansar mientras iba de ciudad en ciudad, y nunca pagó un centavo por esos viajes. Tampoco buscó el trato especial que recibió. Si hubiera sido por ella, bien se habría quedado en Calcuta sin viajar en toda su vida. Pero sentía que era su deber trasladarse regularmente a las misiones que establecía en el mundo y servir como embajadora para el papa Juan Pablo II cuando él se lo pedía.

Como alguien que no salió de la India ni una sola vez en los primeros treinta años que vivió allí, la Madre Teresa no puede ser acusada de forma creíble de pertenecer al jet-set. Yo viajé con ella en aviones privados en varias ocasiones. Su rutina era siempre igual: abordaba el avión, rezaba el rosario, hablaba de trabajo si era necesario, comía lo que le daban, miraba por la ventanilla y, de ser posible, se recostaba a dormir. No era seducida en lo más mínimo por las comodidades que estaban a su disposición, aunque disfrutaba de las semillas de cajú o anacardo cuando se las ofrecían. A medida que la misión crecía, ella tuvo que aprender a ser "Jesús en el palacio" —incluso si eso significaba un palacio volador. Consideraba esas exquiseteces como regalos de Dios, que estaban en un marcado contraste con los miles de viajes incómodos que realizó en trenes, carros, furgonetas y autos desvencijados, sus medios usuales de transporte.

En cuanto a su salud, Hitchens se deleitaba en señalar las instancias en que fue admitida en hospitales de primera categoría durante los tiempos de enfermedad grave, contrastando con los apuros que sufrían los pobres, a quienes les eran negados tales privilegios. Otra vez, Hitchens malinterpretaba lo que en realidad sucedía. La Madre aceptaba la generosidad de los hospitales y profesionales que estaban felices de poder brindarle sus servicios sin cargo. Sabían de su vida abnegada y querían hacer algo a cambio. Pero cuando se trataba de la elección de dónde sería tratada y por quién, ella era ajena a esas decisiones y simplemente aceptaba con gratitud la caridad. Sentía que cualquier dinero que ella no tenía para pagar los servicios médicos, bien podía gastarse en los pobres.

La ironía de la crítica de Hitchens aquí es que la Madre Teresa no deseaba estar en un hospital de primera clase. Cuando la visité en Calcuta, en la unidad de cuidados intensivos, en 1996, me suplicó que la llevara de nuevo a la casa general. Desde principios de los años cuarenta, cuando se negó a descansar a pesar de estar al borde de un colapso nervioso, mantuvo una aversión a los hospitales por el resto de su vida, incluso cuando estaba gravemente enferma. La sugerencia de Hitchens y de Chatterjee, según la cual la Madre disfrutaba del tratamiento médico preferencial, tenía la apariencia de ser verdad, pero no podría ser más falsa.

Tal vez la más ofensiva de las críticas elevadas contra la Madre Teresa fue esa de que usaba a los pobres para promover su agenda personal, que estaba *menos interesada en ayudar a los pobres que en usarlos como recurso inagotable para impulsar la expansión de sus creencias fundamentalistas católicas romanas,* como un reseñador resumió el pensamiento de Hitchens.[59] Cómo Hitchens pudo visitar Kalighat, dar un paseo junto con ella —como lo hizo en 1980— y, luego, concluir que *ella no era amiga de los pobres: era amiga de la pobreza,*[60] desafía toda explicación racional. Por décadas la Madre Teresa atendió personalmente las heridas de los leprosos, bañó los cuerpos de los moribundos, alimentó a refugiados desnutridos y cobijó a huérfanos y discapacitados motrices en total oscuridad. Hitchens se concentró en la Madre hacia el final de su vida, cuando las responsabilidades de administrar una organización internacional exigían que viajase fuera de la India, y su deteriorada salud le impedía tener contacto diario con los necesitados, tal como siempre lo había hecho siempre y, con total franqueza, como hubiera preferido. Tal vez esto sesgó la evaluación de Hitchens. Basta decir que los más rápidos para criticar a la Madre rara vez se arremangaban para hacer el trabajo que ella hizo, siquiera por un día.

No es posible estudiar las críticas contra la Madre Teresa sin toparse con otro prejuicio trillado, típicamente proveniente de algún exvoluntario de MC o Kalighat: que ella sacaba provecho de los vulnerables y los moribundos, y los forzaba a convertirse al cristianismo. Con todo, no hay un solo relato de primera mano que sostenga que la Madre Teresa bautizó a alguien sin su consentimiento. Las escasas evidencias anecdóticas que Hitchens y Chatterjee ofrecen como prueba, pretenden desmentir la práctica constante en la vida de la Madre de no imponer su religión a quienes servía. Si alguna hermana bautizó secretamente a algún residente sin su consentimiento, lo hizo violando las órdenes explícitas de la Madre.

Esto no quiere decir que la Madre Teresa fuera indiferente hacia el destino eterno de las personas. Ella era una misionera cristiana y anhelaba que la gente se acercara al Dios que ella amaba. Pero respetaba la fe individual de las personas a las que ella y las MC servían. *Yo amo a todas las religiones, pero estoy enamorada de la mía,*[61] una vez dijo. *Hay un solo Dios, y Él es Dios de todos; por lo tanto, es importante que todos sean vistos como iguales a los ojos de Dios. Siempre he dicho que debemos ayudar a un hindú a ser mejor hindú, a un musulmán a ser mejor musulmán y a un católico a ser mejor católico.*[62] Solía recalcar que ella no convertía a nadie, que solo Dios podía hacerlo. En Kalighat, donde decenas de miles murieron y muchos más se recuperaron, la Madre Teresa rezaba con los residentes y los encomendaba al cuidado misericordioso de Dios. Ella tan solo los ayudaba a encontrar paz al abandonar este mundo a su propio modo. No hacía declaraciones sobre lo que Dios hacía o no con sus almas después de la muerte; las mecánicas de la salvación no eran su preocupación. Ella no creía que solo los cristianos iban al cielo.

Después de su muerte, las afirmaciones de sus detractores se volvieron mucho más mezquinas. Hitchens la llamó *una pecadora astuta y mundana* en *Vanity Fair* y sostuvo que *llegará el día de mi vindicación, aunque será de poco consuelo encontrarme en el infierno con una monja de rostro serio.*[63] En 2021, Michelle Goldberg, una columnista del *New York Times*, escribió un artículo titulado *¿La Madre Teresa era la líder de una secta?*[64] La línea argumental de Goldberg no era nada nuevo y mayormente repetía los cargos de Hitchens: que la Madre promovía el "culto a la muerte y al sufrimiento", o que "tenía una fijación con el sufrimiento en vez de buscar aliviarlo", como expresó Goldberg. Su gancho era un *podcast* de diez episodios llamado "El giro: las hermanas que se fueron", coproducido por Mary Johnson, una exmonja que había publicado su insatisfacción con las MC. La serie comienza con el relato de Johnson sobre su deseo de salir de la orden y cómo sintió que se lo impidieron. Sus propias memorias sobre el período que pasó con las MC detallan sus deseos sexuales y cómo ellos la alejaron de sus votos. Ciertamente le había mentido a la Madre Teresa cuando la confrontó a propósito de un reporte según el cual había sido descubierta en la cama con una mujer bajo su supervisión. El libro de la propia Johnson incluye todas las formas en que ella traicionó la confianza de la Madre Teresa. A pesar de todo, la Madre la trató con la misma bondad con la que Jesús trató a Judas.

Goldberg, no obstante, tomó la historia de Johnson al pie de la letra y justificó su ataque como parte de "un impulso mayor en la cultura norteamericana de exponer las relaciones inicuas de poder y reevaluar las figuras históricas veneradas". Y —lo que era bastante predecible— esta "reevaluación" acusa a la Madre Teresa y a miles de mujeres que continúan su obra, muchas de ellas arriesgando sus vidas en lugares como Yemen, Siria, Irak y otros países surcados por la violencia. Para Goldberg, los testimonios de un puñado de exmonjas de la MC justifican el argumento de que las hermanas que se quedaron eran personas cautivas con el cerebro lavado viviendo en "un hervidero de abuso psicológico y coerción".

Había dos preguntas básicas que Goldberg no resolvió: primero, si Johnson y esas mujeres eran tan miserables, ¿por qué se quedaron tanto tiempo allí? Ellas sabían desde el primer día que podían abandonar el convento en cualquier momento. Y segundo, si la vida del convento era tan horrible, ¿por qué miles de monjas de la MC, que sirven en los lugares más peligrosos y empobrecidos de la tierra, se quedan? Goldberg ignoraba esos defectos evidentes de su polémica. En cambio, concluyó: "Visto a través de lentes contemporáneos y seculares, una comunidad construida en torno a una fundadora carismática y dedicada a la adoración del sufrimiento y la aniquilación de la individualidad femenina no parece ser bendecida y etérea. Parece más bien siniestra".

Es el problema de Hitchens una y otra vez. Los "lentes contemporáneos y seculares" nunca podrán ver las vidas de la Madre y sus hermanas tal como son: generosas, complacientes, valientes y gozosas. Goldberg está perpleja de que un gran amor por Dios pueda inspirar a alguien a dejar su familia, renunciar a tener hijos y a las comodidades de este mundo para servir a los más pobres entre los pobres. Las MC nunca dijeron ser perfectas, ni tampoco la Madre lo alegó. Ella fue la primera en señalar sus propias debilidades y fallas. Tal vez por eso necesitaba tanto a Dios.

La Madre Teresa una vez me dijo que perdonaba a Christopher Hitchens por su libro, incluso cuando no entendía por qué había escrito todo eso. Y estoy seguro de que habría perdonado a Mary Johnson si sus quejas hubieran sido publicadas en vida. De mala gana debo concluir que, si ella pudo perdonar a sus críticos, entonces los que la aman deberían hacer lo mismo. ¡Pero la gente como Hitchens, Chatterjee y Goldberg no lo hacen una tarea sencilla!

CAPÍTULO 12

En la oscuridad como en la luz

Estoy aprendiendo a desear lo que Él me da y no lo que yo prefiero.

—MADRE TERESA

Jesús dijo: *El que quiera venir detrás de mí, que renuncie a sí mismo, que cargue con su cruz y me siga.*[65] La Madre Teresa cargó su cruz en cada oportunidad posible: buscando, en sus propias palabras, "siempre lo más difícil". En la casa general en Calcuta, eligió el peor cuarto (el más caluroso, encima del horno a carbón en la cocina), las peores tareas (limpiar las letrinas, refregar los pisos) y la peor comida (lo que quedaba después de que todos se hubieran servido). El crucifijo que estaba prendido al sari, el crucifijo del rosario que estaba constantemente en su mano y el gran crucifijo que ella aseguraba alrededor de su cintura cada mañana, servían como recordatorios permanentes de lo que Dios le pedía.

El peso de su cruz, sin embargo, incluyó sufrimiento que ella no eligió, pruebas que Dios le impuso. Porque además de las muchas cargas físicas, mentales y emocionales que llevaba como líder de la orden misionera, la Madre soportó casi cinco décadas de un severo dolor espiritual que casi sofoca su alma. Era una lucha privada, que solo les contó a sus confesores y al arzobispo Perier de Calcuta. Esto salió a luz debido a la correspondencia que el padre Brian Kolodiejchuk recogió como parte de la documentación que el Vaticano exigió para determinar su santidad. Él encontró cartas del archivo de la Arquidiócesis de Calcuta que habían sido preservados desde los años cuarenta y cincuenta, así como los diarios íntimos de la Madre tras dejar Loreto. La Madre nunca tuvo intención de que esos escritos sobrevivieran. El padre Neuner, un teólogo austríaco que la aconsejó en algunos de sus momentos más dolorosos, testificó en el proceso de canonización: "Ella me entregó los papeles bajo el pedido especial de quemarlos tan pronto como los leyera".[66] Después de mucha oración y consulta, el padre Brian reprodujo más de ciento cincuenta cartas de la Madre y notas en su libro *Come Be My Light* [Ven, sé mi luz]. Él creía que sus palabras personales contribuirían a un entendimiento más profundo sobre su vida. La colección revela su experiencia de oscuridad y los años de alejamiento de Dios, un estado espiritual que los católicos conocemos como "la noche oscura del alma".

Ella reveló por primera vez esta oscuridad en marzo de 1953 en las cartas que escribió al arzobispo Perier, oscuridad que persistió por el resto de su vida.

Por favor, ore especialmente por mí, que no eche a perder su obra y que nuestro Señor se me revele, porque hay una terrible oscuridad dentro de mí, como si todo estuviera muerto. Ha sido más o menos así desde el momento en que comencé 'la obra'. Pídale a nuestro Señor que me dé coraje.[67]

Excepto por un período de cinco semanas en 1958, donde recibió un corto respiro de "ese extraño sufrimiento de diez años", luego de rezar al recientemente fallecido papa Pío XII y pedirle una señal divina de que sus esfuerzos eran agradables, el intenso sufrimiento y alejamiento de Dios que experimentaba nunca se alivió.

Señor, mi Dios, ¿quién soy yo para que me abandones?, escribió en una carta de 1959 al padre Lawrence Pichachy, su confesor en aquel entonces. *¿Dónde está mi fe? Incluso en lo más profundo, allí no hay nada más que vacío y oscuridad. Mi Dios, qué angustiante es este dolor desconocido. Duele sin cesar. No tengo fe. No me atrevo a pronunciar las palabras y pensamientos que llenan mi corazón, y me hacen sufrir esta indescriptible agonía.*[68] Ella expresó estos sentimientos en papel ante la incapacidad de hablar en voz alta de ellos, incluso a su confesor, para aliviar su agonía interior. "Los pensamientos plasmados en un papel me dan un breve desahogo", escribió. "No sé por qué Él desea que le diga todo esto".

En 1959 el padre Picachy le pidió que le escribiera una carta directamente a Jesús. *En mi alma siento este terrible dolor de la pérdida: como que Dios no me quiere, como que Dios no es Dios, o como que Él no existe en realidad (Jesús, perdóname por mis blasfemias; me han dicho que escribiera todo lo que siento).*[69]

Las cartas muestran la agonía de una mujer completamente consagrada a Dios que no sentía amor a cambio. *En el llamado me dijiste que tendría que sufrir mucho,*[70] escribió, recordando el mensaje que Jesús le dio en el tren a Darjeeling. Ella trabajó hasta dejar el alma para apagar la sed de Jesús por las almas; no obstante, escribió en otra carta: *Las almas no tenían tal atracción, el cielo no significaba nada, para mí era como un lugar vacío.*[71]

Cuando el padre Brian me envió la prueba de imprenta de *Come Be My Light* para que lo revisara antes de publicarlo, me sentí impactado por lo que leía. ¿La Madre sentía que Dios no la quería? ¿La oscuridad la rodeaba por todas partes? Para mí era imposible conciliar lo que leía en sus cartas con la mujer alegre que yo conocí, una mujer que parecía mimada por Dios. Los que estábamos cerca podíamos ver que llevaba una vida increíblemente difícil en el ambiente más complicado, dando todo, negándole nada a Dios. Simplemente asumimos que, a cambio, Dios le susurraba al oído y la consolaba en la quietud de la oración. Las expresiones del libro, cargadas de dolor interior y soledad, siguen siendo difíciles de conciliar con mis recuerdos, pero reconozco que las palabras son inconfundiblemente suyas.

Mientras leía el libro, sentía como si, de pronto, la Madre fuera una desconocida para mí. Recorrí todas las cartas tratando de encontrar indicios que me revelaran cómo era posible que tuviera tanto dolor y aun fuera tan alegre todo el tiempo. *La gente dice que se siente más cerca de Dios viendo mi fe sólida. ¿Esto no es engañar a las personas? Cada vez que he querido decirles la verdad —que 'no tengo fe'— las palabras simplemente no salen de mis labios, no puedo abrir la boca. Y sigo sonriéndole a Dios y a todos*, escribió en 1962, trece años después que empezara este viaje a la oscuridad del alma. Yo era una de esas personas que veían fortaleza en su fe; yo me acerqué a Dios por su sonrisa santa y lo que parecían ser sus firmes convicciones sobre Dios. Si ella me hubiera dicho que no tenía fe, yo no le hubiera creído. Sin embargo, sus cartas describen a una mujer que pasó los últimos cincuenta años de su vida en oscuridad espiritual, despojada de todo sentido de la presencia de Dios o de su amor por ella. Si la Madre Teresa albergaba dudas sobre la existencia de Dios, ¿qué se puede esperar de aquellos que tenemos una fe menor?

De inmediato contacté a amigos de las MC: la hermana Nirmala, el padre Joseph y otras hermanas y sacerdotes que conocían a la Madre mucho mejor que yo. ¿Acaso ellos no sabían lo que la Madre había sufrido todos esos años? Todos me dieron la misma respuesta: ella nunca mencionó tal cosa. Me asombró que ocultara tan dolorosa oscuridad. Si hubiera sido yo, hubiera encontrado formas para hacerles saber a mis íntimos el grado de mi angustia. Pero la Madre eligió pelear esas pruebas en privado, cargar sola su cruz.

Cuanto más pienso en lo que las palabras sacaron a la luz, más llego a ver la oscuridad de la Madre Teresa como una parte de las agonías y la pasión de su Salvador. Tal como escribió san Pablo sobre sus pesares: *Ahora me alegro de poder sufrir por ustedes, y completo en mi carne lo que falta a los padecimientos de Cristo, para bien de su Cuerpo, que es la Iglesia.*[72] El relato del evangelio de Marcos sobre la crucifixión comienza diciendo: *Al mediodía, se oscureció toda la tierra hasta las tres de la tarde; y a esa hora, Jesús exclamó en alta voz: "Eloi, Eloi, lamá sabactani", que significa: "Dios mío, Dios mío, ¿por qué me has abandonado".*[73]

La Madre Teresa compartió de manera misteriosa la oscuridad y el sentido de abandono del Señor. *En mi corazón no hay fe, ni amor, ni confianza: hay demasiado dolor, el dolor del anhelo, el dolor de no ser amada,* escribió en 1959. *Ya no rezo más, solo emito palabras de oraciones comunitarias y trato en todo lo posible de extraer de cada palabra la dulzura que tenga para darme.*[74] Debe haberse sentido olvidada y abandonada por Dios, y luchaba con las dudas de su existencia durante sus momentos más difíciles, pero la oscuridad que envolvió su vida hasta su muerte no tuvo la última palabra. Hasta el final ella se aferró a una confianza ciega en un Dios amoroso.

En última instancia, alcanzó un nivel de iluminación sobre el rol que la oscuridad jugaba en su vida y vocación. En una carta de 1961, dirigida al padre Joseph Neuner, escribió: *Por primera vez en estos once años he llegado a amar la oscuridad. Porque creo ahora que es una parte, una pequeña y mínima parte de la oscuridad y el dolor que Jesús sufrió en la tierra… Más que nunca me rindo a Él.*[75] Ella había aprendido a abrazar la oscuridad que cayó sobre su alma, se hizo amiga de ella y se la ofreció nuevamente a Jesús. Hacia el final de su vida, le confió a William Curlin, obispo de Charlotte, Carolina del Norte —a quien había visto por primera vez en Regalo de Paz cuando era párroco—: *¡Qué maravilloso regalo de Dios, ser capaz de ofrecerle a Él el vacío que siento! Estoy feliz de poder entregarle este don.*[76]

Las cartas de la Madre también sugerían que la experiencia de rechazo le permitía identificarse más con los leprosos y los marginados de Calcuta, que bien conocían el dolor de no ser amados y deseados. En 1962 escribió: *La situación física de mis pobres abandonados en las calles, no deseados, no reclamados, es una verdadera imagen de mi propia vida espiritual".*[77] A menudo he considerado que existe una coincidencia entre el inicio de sus pruebas espirituales y el tiempo en que el trabajo caritativo de las Misioneras de la Caridad empezó a florecer. Parece que cuanto más la Madre se sentía rechazada por Dios, más prosperaba su misión de llevar el amor de Dios y el alivio a los pobres prosperaba. ¿Era la oscuridad el precio que ella tenía que pagar? De ser así, yo sé que estaba feliz de pagarlo.

En vez de silenciar su impulso misionero, la oscuridad parecía vigorizarla, observó el padre Brian en *Come Be My Light.* Añadió:

La Madre Teresa entendía la angustia del alma humana que sentía la ausencia de Dios, y anhelaba la luz del amor de Cristo en el "agujero negro" de cada corazón enterrado en el olvido, la soledad o el rechazo. Ella reconocía que cual fuera el estado interior, el cuidado

amoroso de Dios siempre estaba allí, que se manifestaba en los pe-
queños favores que otros hacían por ella o en las ventajas inesperadas
que acompañaban sus tareas.[78]

De hecho, los pobres eran una ventana a Dios cuando sentía que la puerta estaba cerrada para ella. Como el padre Brian escribió: *En oración ella se volvía a Jesús y le expresaba su anhelo por Él. Pero era solo cuando estaba con los pobres que percibía su presencia de manera vívida.*[79]

Los encuentros extraordinarios y sobrenaturales que Jesús y la Madre tuvieron, y la prolongada noche oscura del alma que siguió a continuación, iban a ser su secreto, un asunto privado entre ella y Dios. Ella describió su llamado místico como "un delicado regalo de Dios para mí" y le explicó a una hermana que nunca discutió la inspiración de las Misioneras de la Caridad porque "cuando lo haces público, pierde su santidad". En efecto, quería guardarse su sufrimiento para sí misma, pero les dijo a sus confesores que Dios mismo le había insistido en que revelara su oscuridad interior. Ella escribió esas cartas a sus confesores, pero debido a que las experiencias relatadas no tenían naturaleza pecaminosa, salieron de la protección sacerdotal que habría guardado en privado esas comunicaciones para siempre.

La Madre instintivamente sabía que esas palabras eran incapaces de comunicar *las cosas más profundas de Dios*, y que el mero hecho de escribirlas las reducía. El gran teólogo medieval Tomás de Aquino descubrió esta verdad tres meses antes de morir, cuando recibió una revelación directa mientras celebraba una misa. "He visto cosas que hacen a mis escritos como la paja", declaró, y nunca más volvió a escribir.

La Madre también temía que sus escritos se convirtieran en una distracción si eran hechos públicos. "Por favor, no entreguen nada de 1946", le suplicó al arzobispo Perier en 1957. "Quiero que la obra siga siendo solo suya. Cuando los inicios sean conocidos, la gente pensará más en mí y menos en Jesús". Le había pedido al padre Picachy: "destruya todo lo que le escribí". Sus peticiones no fueron oídas. Tanto el arzobispo como sus confesores mantuvieron una confidencialidad estricta durante su vida, pero creían que sus escritos pertenecían al tesoro de la Iglesia católica y que debían ser conocidos.

Aunque las cartas despertaron un gran interés y hasta controversia durante el proceso de canonización, al final simplemente permitieron una mayor comprensión de su santidad. Su vida fue juzgada como heroicamente virtuosa según múltiples criterios: el trabajo con los pobres, el testimonio de los que vivieron con ella, la profundidad de su vida de oración y muchos más. El haber hecho todo esto mientras que, en secreto, ansiaba el amor de Dios, hace que su vida de fe sea aún más inspiradora. En cuanto a mí, estoy contento de que esas cartas hayan sido preservadas, porque me invitan a conocer a la verdadera Madre Teresa.

La Madre logró esconder su secreto a las hermanas y amigos bajo el manto de su sonrisa. Algunos críticos han sugerido que, a la luz de lo que ahora sabemos sobre su angustiante vida interior, su alegría tenía la intención de engañar, como ella temía. Ella le reconoció todo esto a su confesor:

> Todo el tiempo sonriendo. Las hermanas y otras personas notan esto. Piensan que mi fe, confianza y amor llenan todo mi ser, y que la intimidad con Dios y la unión a su voluntad absorben mi corazón. Si supieran… de qué manera mi alegría es el manto con que cubro mi vacío y miseria.[80]

Su manto me engañó a mí al igual que a otros que la rodeábamos, pero también me hizo admirarla más. "Ella sabía cuánto dependía completamente de Dios para todo", dijo la hermana Nirmala diez años después de que la Madre falleció. "Estaba plenamente consciente de sus limitaciones, su debilidad, su desesperación y su pecado. Al mismo tiempo sabía lo preciosa que era para Dios, y que nada ni nadie la podía separar de Él". La hermana Nirmala estaba en lo cierto: "La Madre no dudaba de Dios, seguía amándolo. Si dudas de alguien, tarde o temprano dejarás de seguirlo. Pero continuó firme hasta su muerte amándolo y poniendo en práctica su devoción".

En su libro *El fuego secreto de la Madre Teresa* (2010), el padre Joseph Langford, cofundador de los Padres MC, escribió: *Mucho más que dar consuelo a los pobres, Dios envió a la Madre Teresa para ser su luz. Él la invitó a establecer su tienda en los lugares más negros, no a edificar hospitales o rascacielos, sino a brillar con su resplandor.*[81] La alegría de la Madre Teresa estaba basada en su voluntad y no en sus sentimientos. Una vez ella misma explicó que *el gozo es una señal de una persona generosa y mortificada quien, olvidando todas las cosas, incluso a sí misma, trata de complacer a su Dios en todo lo que hace por las almas. La alegría a menudo es un manto que esconde una vida de sacrificios. Porque Dios ama al dador alegre.*[82]

En abril de 1942 la Madre hizo un voto privado a Dios de "no negarle nada". Su práctica era "aceptar y entregar" todo lo que venía a su camino. Sea que Dios le diera enfermedad o salud, dolor o consuelo, tristeza o alegría, ella lo aceptaría y lo ofrecería nuevamente a Dios como su ofrenda. Nueve meses antes de morir, en su carta de Navidad de 1996, reconocía los problemas de salud que la afligieron durante todo el año y su aceptación de ellos:

Este año ha sido un regalo de Dios para mí. Estoy feliz de tener algo para darle a Jesús también. Debemos tomar cualquier cosa que Él nos dé y entregarle lo que Él nos pida con una gran sonrisa... Él nos ama y sabe qué es lo mejor para nosotros. No sé por qué me sucedió todo esto este año, pero estoy segura de una cosa: que Jesús no comete errores.[83]

Esta filosofía simple guio su enfoque para manejar todo, desde un dolor de espaldas hasta un corazón dolido. Una mujer una vez le trajo a su bebé de diez semanas enferma; estaba desesperada y lloraba: "Quiero que mi beba viva. Amo a esta niña". La Madre le dijo calmada: "Dios te ha dado este gran regalo de la vida. Si Él quiere que se lo devuelvas, entrégalo de buena voluntad, con amor". La niña murió a los cinco meses y su madre sintió que las palabras de la Madre Teresa le dieron la fuerza para sobrellevar la pérdida. Había aprendido a aceptar y a entregar.

La Madre lo dio todo, y todo lo que poseía al final fue la oscuridad de una fe desnuda. "A menudo ocurre que los que pasan su vida dando luz a otros, permanecen ellos mismos en oscuridad", les explicó una vez a sus hermanas. Por cerca de cincuenta años lo aceptó como su suerte, sabiendo que la oscuridad un día daría paso a la luz eterna y que ella sería quien la llevaría. *Si alguna vez me vuelvo una santa*, escribió, *ciertamente seré una de "oscuridad". Continuamente me ausentaré del cielo para iluminar la luz de los que están en tinieblas en la tierra.*[84]

CAPÍTULO 13

Decir adiós

Prefiero la inseguridad de la providencia divina.
—MADRE TERESA

El 26 de agosto de 1996 nació mi hijo Maximilian. La Madre había predicho la fecha, que era la misma que su cumpleaños 86. Ese mismo día le falló el corazón y tuvieron que revivirla. Su salud se deterioraba cada vez más, el corazón y los pulmones ya no podían mantener su incansable ritmo. Apenas unos días después del nacimiento de Max, la hermana Priscilla llamó desde Calcuta a Sandy McMurtrie para decirnos que la Madre aún estaba en el hospital y se estaba apagando poco a poco. Mary gentilmente me permitió dejarla con dos niños pequeños y un bebé recién nacido para que yo pudiera despedirme de la Madre. Me encontré con Sandy en el aeropuerto Dulles, en las afueras de Washington, y viajamos a Calcuta para darle la última despedida a la mujer que nos había mostrado el gozo de una vida vivida para otros.

La hermana Priscilla nos recibió con un informe desalentador: "Hoy la Madre no se encuentra bien. Volvieron a ponerle oxígeno". Cuando llegamos a la unidad de cuidados intensivos del Hospital Woodlands, había un alboroto entre las hermanas afuera de la habitación. Temí lo peor. Una de las hermanas nos explicó: "La Madre estaba acostada en la cama, boca arriba, apuntando con el dedo hacia el techo. No podía hablar porque tiene puesta la máscara de oxígeno. Nos preguntábamos a qué le estaba apuntando. ¿Había una luz? ¿Tenía una visión? La Madre vio nuestra confusión y se quitó la máscara por un momento, y nos dijo: Me voy a casa. Me voy a casa con Dios".

Entramos y nos acercamos a su cama. Tenía puesta la bata azul del hospital y una cofia blanca de tela que le cubría el pelo y la frente. Los tubos intravenosos y los cables colgaban enredados a su lado, y estaba pálida por haber permanecido diez días en cuidados intensivos. Apretaba con fuerza su rosario entre sus manos.

Sandy la saludó primero, y la Madre se alegró y se asombró al verla. Yo tenía puesta una mascarilla quirúrgica y me la quité por un momento para que pudiera reconocerme. "¡Oh, han viajado desde tan lejos para verme!", nos dijo. "Estoy contenta de que hayan venido".

Yo estaba ansioso por contarle la buena noticia: "Madre, Mary tuvo a nuestro tercer hijo el día de su cumpleaños, tal como dijo. Nació nuestro tercer hijo".

Respondió sin dudar ni un momento: "Muy bien. ¡Pero, vete a casa! ¡Tienes que estar con tu familia!".

Todos en la habitación se rieron. Acababa de volar nueve mil millas (15 000 km), y la Madre ya me estaba echando. Le aseguré que Mary estaba bien —mi madre estaba con ella— y yo solo me quedaría en Calcuta unos días. Se quedó satisfecha. Luego levantó la cabeza de la almohada, se extendió hacia adelante y me bendijo tocándome la cabeza con la mano izquierda, puesto que la derecha la tenía inmovilizada por los tubos intravenosos. Le besé la mano y me despedí por ese día.

Durante los siguientes tres días asistí a la misa privada que se celebraba en la habitación de la Madre diariamente a las seis de la mañana, hora acostumbrada de la misa en la capilla de la casa general. La semana anterior, la Madre había pedido a las hermanas (usando un bolígrafo y un papel, ya que seguía conectada a un respirador) que le trajeran la Eucaristía, de modo que transformaron su habitación en una capilla y colocaron un pequeño tabernáculo enfrente de su cama para ubicar al Santísimo Sacramento —los católicos creemos que estar en la presencia del pan consagrado es estar en la presencia de Jesús mismo. El Santísimo estaba cubierto con un velo de encaje blanco con una enorme medalla del Niño Jesús, que luego me regaló la Madre para mi hijo recién nacido, Max.

Al costado del tabernáculo, debajo de un crucifijo sencillo, dos objetos religiosos estaban apoyados contra la pared. Estos dos eran los favoritos de la Madre: unas imágenes de María como el "Inmaculado Corazón" y "Nuestra Señora de Guadalupe". Cada mañana en la misa me ubicaba en un lugar donde podía observar su ferviente adoración. Fijaba la vista en los objetos de María o en el tabernáculo. Cuando llegaba el momento de la Sagrada Comunión, la Madre se esforzaba en levantar la cabeza y separarla de la almohada para recibir la hostia, como si fuera a encontrarse con su Sagrado Invitado.

El último día en que estuve presente, el padre Gary Duckworth, uno de los fundadores de los Padres MC, anunció que celebraría la misa por la salud de los enfermos. "¿Te refieres a los que se están muriendo?", bromeó la Madre. "¡Díganle que hará que me vuelva a enfermar!". Hacia el final de la misa le dio a la Madre el sacramento de la unción de los enfermos, conocido también como extremaunción. Cuando regresé en la tarde se encontraba mucho mejor: estaba sentada en una silla comiendo flan, vestida con un hábito blanco y el rosario colgando del cuello.

Hablamos sobre Mary y nuestros tres hijos: James, Joseph y Maximilian (que tenían cuatro años, dos años y ocho días respectivamente).

—Uno de ellos debería ser sacerdote —me dijo.

—Madre, si uno de ellos se hace sacerdote, ¿tú vendrás a la ordenación?

Todos se rieron, incluida la Madre.

—Sí —me prometió—. Estaré allí, ya sea desde el cielo o la tierra.

Dos hermanas me contaron que la Madre les había dicho a los médicos que "su corazón le pertenecía a Dios", y que ya no quería recibir ningún tratamiento médico más. Les dijo a las hermanas: "Si me pasa algo, permitan que sea en nuestra casa. Quiero morir de forma natural". Dos días después le dieron el alta y regresó a la casa general. Estaba frágil y se veía obligada a usar una silla de ruedas la mayor parte del tiempo, pero estaba en su casa, donde podía disfrutar de un poco de privacidad y un descanso ininterrumpido.

Mi trabajo durante el año pasado fue con un grupo de apoyo llamado "Envejecer con dignidad" que fundé en Florida. Cuando terminaron mis años como administrador del área de salud y de servicios humanos de Florida, quise hacer algo para influenciar el debate nacional emergente sobre el suicidio asistido por un médico y contribuir a mejorar los cuidados al final de la vida. Hablé con la Madre sobre lo que había aprendido en Kalighat y Regalo de Paz: que resulta más fácil matar a una persona que cuidarla. Me animó a oponerme al suicidio asistido promoviendo los cuidados terminales, y, lo que es más, a enfocarme en el aislamiento y la soledad que son la maldición de muchos de los ancianos pobres y discapacitados. Para promover mi iniciativa, la Madre escribió una carta abierta de apoyo solicitando a las personas que ayuden "a defender y a proteger la vida, el don más hermoso de Dios, y traer amor y compasión a los ancianos pobres". "Están entre nosotros", escribió, "y son muchos los que son pobres y de edad avanzada; necesitan comprensión, respeto, amor y compasión, en especial si están enfermos, discapacitados, indefensos o solos. Mi oración es que Dios bendiga a Jim y su hermoso trabajo".[85]

Con el asesoramiento de médicos de hospicio, enfermeras y capellanes, creé un documento de planificación de atención médica anticipada llamado "Cinco deseos". Estaba inspirado en mis experiencias en Regalo de Paz, Kalighat y en lo que la Madre me había enseñado sobre los moribundos. Al igual que la mayoría de los documentos de planificación sobre cuidados terminales, incluye una declaración de últimas voluntades y un poder notarial duradero para asistencia médica con el propósito de tratar los asuntos legales relevantes. Pero también abarca el manejo del dolor, el alivio, la dignidad y el perdón. "Cinco deseos" les pide a las personas que consideren los asuntos como "qué quiero que sepan mis seres queridos" y "cómo quiero que me recuerden". Reconoce que el estar muriendo no es tan solo un momento médico sino un momento profundamente emocional y espiritual; una verdad a la que la Madre dedicó gran parte de su vida. Verla envejecer me orientó en todo lo que he hecho en "Envejecer con dignidad" durante los últimos veinticinco años.

La Madre tenía su brújula —su fe en Dios como la de un niño— y la seguridad de que se encontraba en un viaje ininterrumpido desde Dios y hacia Dios. Se preparó para su partida definitiva desde su amada comunidad de las MC y su gozoso regreso a la casa del Padre mediante una vida de oración rigurosa y disciplinada que la mantuvo en un estado perpetuo de buena disposición.

La oración y la acción eran inseparables para la Madre Teresa. El trabajo que hizo, el sufrimiento físico, la sensación de abandono por parte de Dios que soportó, la alegría que irradiaba: todo era parte de habitar con el Señor. Experimentó su propio anhelo por Dios como una profunda sensación de sed, tal como Él tuvo sed por las almas. "Tengo sed" —las palabras de Jesús hacia ella en el tren hacia Darjeeling— estaban grabadas en un costado del crucifijo de cada capilla de las MC a lo largo de todo el mundo como un llamado a la oración y al servicio para las hermanas. La sed de Cristo era suya para que la saciara y experimentara. El autor del salmo 42 en el Antiguo Testamento describe este anhelo:

Como la cierva sedienta busca las corrientes de agua,
así mi alma suspira por ti, mi Dios.
Mi alma tiene sed de Dios, del Dios viviente:
¿Cuándo iré a contemplar el rostro de Dios?

Una vez en la casa general en septiembre de 1996, la Madre recuperaba fuerzas lentamente y regresaba a sus rutinas diarias. Pero diez semanas después se encontraba nuevamente en cuidados intensivos en Woodlands. Un brote de malaria y picos altos de fiebre habían desencadenado otra ronda de preocupantes síntomas cardíacos. El 22 de noviembre sufrió un ataque leve al corazón y la trasladaron al hospital B. M. Birla Heart Research Center. Allí, los médicos le reprogramaron el marcapasos,[86] pero su cuerpo estaba muy débil para que pudieran tratarle la arritmia de forma adecuada. También le realizaron una angioplastia para quitarle las obstrucciones de dos arterias y comenzó a recibir terapia BiPap de forma regular para sus pulmones gravemente comprometidos —los BiPaps son pequeños respiradores que bombean aire dentro de los pulmones mientras se utiliza una máscara. La Madre aceptó estos tratamientos, pero no le agradaban. Los riñones también le estaban empezando a fallar. Su cuerpo estaba colapsando.

El arzobispo de Calcuta, Henry D'Souza, estaba convencido de que su espíritu también estaba afligido. La Madre estuvo agitada, desorientada y sufrió insomnio durante todas esas semanas que estuvo internada. Por momentos se daba vuelta en la cama intentando quitarse los cables del monitor cardíaco que tenía adheridos al cuerpo. El arzobispo D'Souza temía que "pudiera estar bajo el ataque de un demonio" y le pidió al padre Rosario Stroscio, un sacerdote salesiano, que orara por ella para liberarla de cualquier ataque diabólico. Los católicos lo llaman exorcismo, aunque no conlleva nada del dramatismo que se ve en las películas. Sus oraciones parecieron calmar su agitación.

Solo muy pocas personas sabían de eso. Sin embargo, en 2001, la cadena CNN publicó una historia: "El arzobispo: la Madre Teresa fue exorcizada" e insinuaba que había sido víctima de una posesión demoníaca. La confusión en los medios de prensa seculares era entendible. Si uno cree que es tan probable que exista un duende como que exista el diablo, la diferencia entre estar *atormentado* y estar *poseído* no parece ser importante. Pero el informe provocó un alboroto. El arzobispo D'Souza y el padre Stroscio tuvieron que aclarar que la Madre Teresa "no estaba poseída por los demonios",[87] y nunca lo había estado. La hermana Nirmala publicó al mismo tiempo una declaración característicamente medida: "No estamos absolutamente seguros de que estuviera perturbada por el diablo o por su condición física y psicológica, puesto que estaba muy enferma y bajo los efectos de fuertes medicamentos; ni tampoco si las fuerzas diabólicas estaban intentando obstaculizar el tratamiento médico de la Madre", declaró. "El diablo no puede poseer a alguien que está lleno de Dios y lo ama a Él y a sus hijos".

La Madre ciertamente creía en la presencia activa del diablo en el mundo. Había visto la maldad en la mortificación de sus amados pobres. En 1949, mientras se estaba estableciendo por su cuenta, escribió en su diario sobre cómo "el tentador" estaba intentando debilitar su determinación de fundar las MC. Una vez me dijo que estaba preocupada por lo que había escuchado sobre la película de 1988 de Martin Scorsese, *La última tentación de Cristo*. "Esta película es tan maligna. ¿No podemos escribirle?", preguntó. "La maldad es una prueba para un amor mayor". La Madre sin duda fue puesta a prueba a lo largo de su vida. Sus armas eran la fe, el amor y el servicio. Si su alarmante comportamiento en el hospital fue provocado por una mala reacción a los medicamentos, a los bajos niveles de oxígeno o a los tormentos del diablo —o a alguna combinación de los tres— seguirá siendo un misterio.

Fue mientras la Madre estaba internada en el Birla Center que yo cometí el mayor error en todos los años en que las representé a ella y a las MC. Acepté dar una entrevista al periódico *Independent* de Londres. El periodista estaba casado con la dama de honor de mi esposa, y sentí que podía confiar en él y quise ayudarlo. Hablamos sobre la salud de la Madre y le expresé mi opinión personal: que la Madre estaba preparada para morir y que algunos de los tratamientos médicos que recibía iban en contra de su voluntad.

Al día siguiente, el titular decía: "La Madre Teresa les suplica a sus amigas: Tan solo déjenme morir". Me citaron extensamente. La historia era errónea; existe una marcada diferencia entre estar preparado para morir y querer morir. Aun así, mis palabras disgustaron a algunas de las hermanas. En primer lugar, me disculpé con la Madre, las hermanas y los buenos doctores que se ocupaban de cuidarla por haber hablado públicamente. Afortunadamente, estaban enfocados en la vigilia que mantenían al pie de la cama de la Madre y pronto dejaron atrás la decepción que sintieron por mí. Todavía sigo enojado conmigo mismo por mi poca falta de criterio.

Ya casi era Navidad y, después de cuatro semanas internada, la Madre había tenido demasiada vida hospitalaria. "Guarden todo, me voy a casa", le dijo a la hermana Nirmala María, una MC irlandesa y su enfermera personal. El 19 de diciembre hicieron precisamente eso.

La Madre necesitaba estar cuidada las veinticuatro horas del día en la casa general, así que las MC llamaron a la hermana Roni. La monja benedictina estadounidense, llamada hermana Verónica Daniels, había cuidado a la Madre de vez en cuando a lo largo de una década, tanto en Estados Unidos como en Calcuta. Cuando se presentó por primera vez como Roni, la Madre la miró con algo de desconfianza y le preguntó con incredulidad: "¿Tu nombre es Verónica y dejas que te llamen Roni?". Al igual que nosotros, la hermana Roni adoraba a la Madre.

En diciembre de 1996 viajó inmediatamente a Calcuta llevando el respirador BiPap para la casa general. Era algo imposible de conseguir en Calcuta en ese momento. "Tenía una mesa larga afuera de su habitación como escritorio, y en la noche, las hermanas colocaban un colchón encima para que yo durmiera allí", recuerda la hermana Roni. "Estaba con la Madre desde el momento en que se levantaba hasta que se acostaba. Estaba muy frágil, era muy humana, muy amorosa". La Madre estaba contenta de poder pasar Navidad en compañía de los que más amaba: su familia de las MC. Reunió fuerzas para dar la bendición de Navidad desde el balcón del segundo piso a las hermanas y a los invitados que estaban reunidos en el extenso patio debajo. La hermana Roni permaneció parada al lado de la debilitada monja en caso de que colapsara, pero las palabras de la Madre, llenas de inspiración y referencias a las Escrituras, marcharon sin ningún problema.

Roni Daniels se quedó hasta febrero. La Madre estaba un poco más estable. Toda la atención de las MC y de la Madre estaba puesta en los preparativos para el próximo Capítulo General, una reunión que celebran las hermanas cada seis años para elegir a la superiora general. En 1991, las hermanas no se habían puesto de acuerdo en la elección de una sucesora, de modo que la Madre, a regañadientes, cumplió otro período. Para su alegría, el 16 de marzo de 1997, eligieron a la hermana Nirmala para remplazarla. La Madre decidió que ella en persona le presentaría su sucesora a su amigo el papa Juan Pablo II. El viaje de mayo sería beneficioso para la Madre, pues la alejaría del calor extremo que precede a la temporada de lluvia en Calcuta. (Hacía muy poco tiempo que ella había aceptado poner un ventilador en su habitación).

Cuando llegó el día de la partida, la Madre estaba muy resfriada. A la Dra. Patricia Aubanel —una cardióloga de Tijuana que había atendido a la Madre en todo el mundo— le preocupaba que el viaje fuera imprudente, ya que el corazón y los pulmones de la Madre competían por cuál fallaría primero. La hermana Gertrude, que fue la segunda mujer en unirse a las MC y también era médica, tampoco aprobaba la idea. Pero la Madre era inflexible, y el suyo era el único voto que importaba. Las doctoras se resignaron a su decisión y abordaron el avión con medicamentos, oxígeno y una variedad de aparatos.

Efectivamente, la salud de la Madre comenzó a deteriorarse rápidamente hacia el final del viaje. Tuvo ataques de tos. Vomitó. Luchaba por respirar, porque los pulmones habían comenzado a fallarle, y los doctores le suministraron oxígeno. De forma milagrosa, para el momento en que el avión aterrizó en Roma, la Madre se había recuperado lo suficiente como para caminar por una parte del aeropuerto, saludando a los curiosos. El sueño de pasar la antorcha en Roma parecía haberla mantenido con vida todo ese tiempo. Finalmente, en junio, la Madre Teresa le presentó la hermana Nirmala al papa Juan Pablo II en una audiencia privada. Estaba llena de alegría por haberle podido presentar personalmente a su sucesora al Santo Padre. Él le preguntó si ahora se iba a retirar. Los tres se rieron.

La Madre había decidido continuar con algunas de sus últimas reuniones en los Estados Unidos. Muy pocos dentro de su entorno estaban de acuerdo con esa decisión, pero ni siquiera una llamada telefónica del cardenal John O'Connor desde Nueva York pudo disuadirla. Poco después de llegar a la ciudad de Nueva York, fue en ambulancia a ver un traumatólogo para que le aplicara una inyección epidural que aliviara el dolor de espalda y aumentara su movilidad. Contra las objeciones de la Dra. Aubanel y la hermana Gertrude, la Madre se subió a un avión hacia Washington esa noche, con su propio tanque de oxígeno en el asiento de al lado, en caso de emergencia.

El 5 de junio asistió al Capitolio junto con Sandy Mc-Murtrie y algunas hermanas a una ceremonia en la Rotonda, donde el vocero de la cámara Newt Gingrich y el presidente interino del senado, Strom Thurmond, le hicieron entrega de la Medalla de Oro del Congreso, el premio civil más alto entregado por esa cámara. Ella dijo unas breves palabras a la deslumbrada asamblea de congresistas y les agradeció el honor. Ese sería su último discurso público.

Me perdí la ceremonia, pero Mary, los niños y yo pasamos un tiempo con la Madre en Regalo de Paz durante los siguientes tres días. Apenas se apartaba de su silla de ruedas. El alivio que le había dado la inyección epidural estaba desapareciendo, y el constante dolor y la avanzada osteoporosis eran una combinación devastadora. Aun así, sonreía y jugaba con los niños, tal como lo había hecho en las visitas anteriores. Mary le preguntó: "¿Cómo puedes estar tan alegre cuando sientes tanto dolor?". La Madre le respondió: "Lo entrego todo".

Para su regreso a Nueva York, Sandy había contratado un avión privado porque la Madre ya no podía estar sentada mucho tiempo seguido. La subieron al avión en una camilla, aunque se las arregló para bajar la escalera a saludar a las hermanas que la esperaban en Nueva York. A diferencia de las visitas anteriores al Bronx, tuvo pocas reuniones. Excepto por su última reunión el 18 de junio con la Princesa Diana, la Madre descansó la mayor parte del tiempo.

El 24 de junio tuve mi última reunión con ella. Necesitábamos hablar sobre el asunto de "Nun Bun" y también acerca de una película que estaban produciendo sobre su vida. Mientras la traían en la silla de ruedas, se estiró para saludarme de la manera en que siempre lo hacía: colocando las manos en ambos lados de mi rostro y diciendo "Dios te bendiga". Pero yo tenía conjuntivitis, así que me aparté: "No, no, Madre. Tengo conjuntivitis y es muy contagiosa". Me tomó la cara sin dudarlo: "Lepra, sida, no me contagio". Tendría que haber sabido que la mujer que había pasado décadas levantando leprosos y sosteniendo pacientes con tuberculosis mientras morían, así que nunca hubiera retrocedido ante un muchacho pelón con conjuntivitis.

Al saber que esa podría ser mi última oportunidad, le agradecí por ser un puente entre los ricos y los pobres. Estuvo en silencio por un momento y luego dijo con cierta resignación: "Y sin embargo tan pocos se acercan y trabajan con los pobres. ¿Qué les sucederá a ellos? ¿Quién los cuidará?". Y luego agregó: "Pronto me iré para el otro lado".

Nuestra reunión se extendió durante dos horas y finalmente una de las hermanas tomó la silla de ruedas de la Madre, la señal de que la reunión había terminado. Le pregunté si podía quedarse un momento más. Mi familia había venido cuando supieron que ese sería el último viaje de la Madre a los Estados Unidos: "Madre, antes de que se vaya, Mary y los niños se encuentran debajo en el patio. ¿Pueden subir y recibir su bendición?".

Ante la palabra "niños", se levantó de la silla de ruedas y miró emocionada por la ventana hacia donde estaban jugando. "¿Dónde están los niños?", preguntó. La hermana Nirmala envió a buscarlos, y Mary y los chicos subieron inmediatamente. Le dio una Medalla Milagrosa a cada uno de ellos, y sostuvo sus rostros para una última mirada de amor. Mary y yo le besamos las manos y le agradecimos enormemente.

Después de recibir su bendición, comenzábamos a bajar la escalera cuando nos volvió a llamar al salón. Tenía un regalo: a pedido de ella, la hermana Nirmala había quitado la imagen de cerámica de la Sagrada Familia que había estado colgada en la habitación de la Madre. La Madre nos la regaló para que la colocáramos en nuestro hogar.

A lo largo de los años había pensado muchas veces sobre la mirada de la Madre cuando observaba por la ventana buscando a mis hijos. Estaba llena del gozo y de la paz de una vida entregada a otros. Había orado al Sagrado Corazón:

"Jesús, manso y humilde de corazón, haz que mi corazón sea como el tuyo", y la oración había sido contestada.

Durante su regreso a Calcuta, la Madre Teresa paró una última vez en Roma, donde se reunió con el santo padre dos veces. La primera visita tuvo lugar en la misa de bendición de los palios que presidía en la Basílica de San Pedro. Sucedió —muy apropiadamente para el papa y la misionera— durante la fiesta de San Pedro y San Pablo. El santo padre se desvió durante el himno de la procesión de salida para acercarse a la Madre y abrazarla. Ella estaba sentada en la silla de ruedas, pero se levantó cuando él se acercó. Las manos del pontífice temblaban ligeramente debido a la enfermedad de Parkinson que precipitaría su muerte ocho años después. La unión espiritual y el afecto agradecido entre ellos era bellamente humano, como también profundamente sagrado, y su foto abrazados mostraba sin duda alguna la ternura y amistad entre estos dos futuros santos.

Su segundo y último encuentro tuvo lugar aproximadamente dos semanas después en la oficina privada del santo padre. La hermana Nirmala y la hermana Nirmala María la acompañaron. "¡Empújenme!", dijo la Madre de forma traviesa mientras ellas salían de la ornamentada sala de espera. La Madre se ubicó directamente frente a Juan Pablo II. Después de un breve intercambio de cumplidos, el santo padre se sentó y la observó. Inclinó la cabeza intencionalmente y dijo simplemente: "Tengo sed".

El papa en verdad la entendía como ninguna otra persona. Sabía que estas palabras de Jesús en la cruz, recogidas en el evangelio de Juan, y que comunicaban el anhelo de Dios de amar y ser amado, eran la inspiración teológica de todo lo que la Madre había hecho en los casi cincuenta años desde que había dejado los cómodos confines del convento de Loreto. Él sabía que lo que ella había hecho en las calles de Calcuta no era un trabajo social. Sus acciones eran, tal como ella lo decía a menudo, su forma de "saciar la sed de Cristo por amor y por las almas".

Era el momento para que la Madre le dijera adiós al pastor que pareció ser su alma gemela en la tierra. Se inclinó para besarle el anillo papal, y él se agachó para abrazarla. Más tarde le preguntó a la hermana Nirmala María: "¿Me besó la cabeza?", y se alegró al saber que así había sido. De todos los honores y reconocimientos que experimentó en la vida, ninguno fue más importante que el hecho de saber que el sucesor de San Pedro en persona se preocupaba tanto por ella.

Cuando llegó a Calcuta el 22 de junio, la recibieron en el aeropuerto un grupo de las hermanas más cercanas a ella, y también su médico personal desde hacía muchos años, el Dr. Alfred Woodward. Los saludó diciendo: "Ahora mi trabajo ya está hecho".

CAPÍTULO 14

Viaje al hogar

La muerte es algo hermoso; significa ir a casa.

—MADRE TERESA

En la pared de Kalighat hay un cartel que dice: "El mayor propósito de la vida humana es morir en paz con Dios. La Madre". Durante muchos años, fue la única de las ideas de la Madre que yo no creí en absoluto. Tener paz y tranquilidad en la mente al momento de la muerte es una meta digna, pero nunca me pareció algo sobre lo cual edificar la vida. Respecto de ella, tampoco parecía ser *su* mayor propósito. La Madre hablaba con frecuencia de la búsqueda de la santidad, de elegir el cielo, de volverse santa, como si fuesen los llamados supremos.

Me llevó años entender que la "paz" que ella describía no era un destino ni un estado mental, sino una búsqueda, una forma de vida. Finalmente me enseñó que la mejor manera de *morir* en paz con Dios era aprendiendo a *vivir* en paz con Él, como individuo y como miembro de una familia humana. Dicho de otra manera, la Madre veía la vida como una larga preparación para aquello que sus padres pidieron por ella en su bautismo: vida eterna.

Las personas de todos los credos han luchado por miles de años sobre cómo describir la "vida eterna". Cuando mi hijo Joe tenía nueve años vino a casa con el problema. Estábamos regresando de la misa del domingo, y se quejaba de lo larga que había sido. Mary reflexionó: "En el cielo no vamos a estar solo una hora, vamos a pasar la eternidad adorando y agradeciendo a Dios". Joe se enfadó en el asiento trasero: "No es algo que espere con ansias".

El papa Benedicto XVI reconoció este enigma en su encíclica del 2007, "Salvados por la esperanza" [*Spe Salvi*].[88] "Vivir siempre, sin un término", observó, "solo sería a fin de cuentas aburrido e insoportable". En vez de "un continuo sucederse de días del calendario", sugirió que la eternidad sería "como el momento pleno de satisfacción, en el cual la totalidad nos abraza y nosotros abrazamos la totalidad". Lo comparó al "océano del amor infinito, en el cual el tiempo —el antes y el después— ya no existe".

No estoy seguro de que una zambullida en el "océano del amor infinito" hubiese satisfecho a mi hijo Joe de nueve años, pero se alinea perfectamente con la concepción de la Madre Teresa acerca de provenir de Dios y de volver a casa con Él. El amor era su vocación. "Fuimos creados por Dios para cosas grandes, para amar y ser amados", decía con regularidad, tanto en sus discursos como en sus conversaciones. Sentía que amar y ser amado era más importante que los requisitos materiales de la vida; más importante que la comida, el abrigo o la vestimenta.

Para ella, el cielo era una realidad social, una comunión de personas en Dios. A menudo hablaba de cuánto anhelaba ver a su madre, a su hermana y a su hermano en el cielo, estar con ellos por la eternidad. Rechazaba la idea de que hubiese una estructura de clases en el cielo, donde la elite espiritual residía en una esfera, separada del resto de los elegidos. "De una cosa estoy segura, y es que en el cielo no existen niveles como esos", le dijo un día a Sandy McMurtrie mientras viajaban en auto. La Madre veía el cielo como la restitución de la unión perfecta entre Dios y el ser humano que había sido establecida en el momento de la creación y se había roto por la caída de Adán y Eva. Este era el hogar que buscó toda su vida.

Esa esfera del ser se encuentra más allá de lo que nuestras mentes finitas pueden concebir o comunicar. Sin embargo, la Madre Teresa creía que "el reino de Dios" podía experimentarse en esta vida, aunque de forma imperfecta, a través de los breves momentos de sublime asombro que todos encontramos en algún punto del camino. Recuerdo una mañana muy temprano en Washington cuando una madre le trajo a su bebé para que ella lo bendijera. Miró al bebé a los ojos y le acarició la cabecita como si estuviera contemplando el rostro de Dios. Eso era un "océano del amor infinito". Un anticipo del reino venidero parecía envolver a la Madre en ese momento.

El himno "Quédate conmigo", de Henry Francis Lyte, captura la experiencia de la Madre sobre esta vida y la esperanza de la otra (lo escuché por primera vez en la misa fúnebre de la Madre en la que un coro de Hermanas la cantó mientras retiraban su cuerpo del estadio). Las palabras del primer y último verso exponen a la perfección el anhelo de su corazón:

Quédate conmigo; cae rápido el atardecer;
La oscuridad se profundiza; Señor conmigo permanece.
Cuando otros ayudantes fallan y los consuelos huyen,
Socorro de los desamparados, oh, permanece conmigo.

Sostén tu cruz ante mis ojos que se cierran;
Brilla a través de la penumbra y apúntame a los cielos.
Amanece el cielo y huyen las vanas sombras de la tierra;
En la vida, en la muerte, Señor, permanece conmigo.[89]

La oscuridad y la penumbra cada vez más profundas, la falta de comodidad y las sombras de su cercana mortalidad no parecían asustarla ni preocuparla en absoluto. Esperaba su muerte como podría esperarse un envío postal, manteniendo una atenta mirada mientras se consumía con las actividades misioneras. Parecía estar lista para irse de este mundo con unos minutos de aviso. Hacía tiempo que no gozaba de una buena salud. Durante los años que la conocí estuvo a un paso de la muerte casi una docena de veces a causa de ataques al corazón, neumonía y malaria. Cada vez que la despedía me preguntaba a mí mismo si la volvería a ver. En una ocasión, en 1995, le dije adiós, puesto que creí que sería la última vez que la vería, y ella me respondió con total naturalidad: "Tengo las valijas preparadas".

Aunque la Madre tenía las valijas listas, las Hermanas no iban a dejarla marcharse sin pelear. En septiembre de 1997, habían abastecido la casa general con una abundante cantidad de suministros y equipos médicos de emergencia. La hermana Dominga, que se había unido a principios de la década de 1980 y se había convertido en una de las líderes de las MC, habló sin rodeos: "Si Dios quiere llevarse a la Madre, mejor que venga cuando ella esté sola".

Esa no sería una tarea fácil. Las hermanas consentían a la Madre día y noche. Ella siempre había sido la dadora y la sierva, siempre se había sacrificado por los demás. Pero a medida que su cuerpo se debilitaba, se volvía cada vez más incapacitada, y cada vez dependía más y más de las hermanas.

Y este cambio de roles fue una oportunidad imperdible para que ellas le devolvieran amor por amor.

Ahora podían tomarle la mano y besarla. Ahora podían ayudarla a vestirse por la mañana y por la noche. Le traían la comida a la habitación. Celebraban la misa al lado de su cama cuando así lo requería su salud. Las hermanas la ayudaban a acostarse temprano y la animaban a no ser la primera en estar en la capilla por la mañana. Tenían especial cuidado para administrarle la gran cantidad de medicamentos que tomaba, y casi todas peleaban por tener el permiso de empujar su silla de ruedas. Las hermanas se deleitaban en mimar a la Madre.

Cuatro hermanas en particular estuvieron enfocadas en su cuidado durante sus últimas semanas. La hermana Gertrude era la mayor de ellas desde la muerte de la hermana Agnes en abril de 1997. La Madre la había impulsado a ir a la escuela de medicina durante los primeros años de las MC para que pudiera proveer los cuidados médicos a los moribundos en Kalighat. La Madre Teresa ahora se había vuelto su paciente. La hermana Gertrude se turnaba con la hermana Shanti, también médica, y la hermana Luke, la superiora de Kalighat desde hacía muchos años, para atender y acompañar a la Madre en sus últimos días. Y la hermana Nirmala María, la monja MC irlandesa, ayudaba y se ocupaba sin descanso de todas las necesidades de la Madre. Ella había sido una hermana de Loreto antes de seguir los pasos de la Madre hasta la casa general en 1989, y había viajado con frecuencia junto con ella durante los últimos años. Ahora era responsable de hacer que la Madre tragase a regañadientes más de una docena de pastillas cada día y administrarle la terapia respiratoria diaria con la máquina BiPap. La batalla diaria de voluntades con respecto al tratamiento BiPap requería ingenio. La Madre lo aceptaba siempre y cuando estuviera combinado con la oración del rosario, y la hermana Nirmala María agregaba "Ave Marías" extras para alargar las sesiones.

Durante sus últimas semanas de vida, en agosto y septiembre de 1997, la Madre disfrutó de la compañía de las hermanas como nunca antes. La última cena con ellas fue el miércoles 3 de septiembre, dos días antes de morir. Intentó abandonar su lugar de privilegio en la mesa por respeto a su sucesora, pero la hermana Nirmala no lo permitió. La Madre nunca podría ser una hermana común. La noche contó con el plato favorito de la Madre, el flan, que había sido preparado especialmente para ella por las MC que vivían y trabajaban en un orfanato a media milla de la casa general. Recibió una porción generosa y lo disfrutó en gran manera. El paladar goloso de la Madre permanecía joven.

El flan sería el último postre que disfrutaría. Esa noche su salud empeoró. Cerca de las diez de la noche se descompuso, comenzó a vomitar y pasó la mayor parte de las siguientes seis horas en el baño. La presión arterial le subió a 200/80. El dolor de espalda, al que ella se refería como "su viejo amigo", volvió para vengarse.

Finalmente, a las cuatro de la mañana pudo dormir. Estaba demasiado exhausta para ir a la oración en la capilla con las hermanas a las seis de la mañana, pero celebraron la misa en su habitación a las once. En la tarde, a la hora del té que sigue al almuerzo y a la siesta, las hermanas le trajeron un poco de comida, que comió, y luego vino el padre Mervyn Carapiet a escuchar la que sería su última confesión. Cualquiera sea la penitencia que le haya dado a la Madre Teresa, no podría haber sido más dura que su dolor de espalda. Los analgésicos y las bolsas de agua caliente que le aplicaban las hermanas en la espalda no podían competir con la ira de su "viejo amigo". Debido a que había dormido tan poco la noche anterior, la Madre terminó de comer una cena liviana y se fue a dormir pronto.

Los evangelios describen meticulosamente la pasión y la muerte de Cristo, así como las Escrituras relatan las últimas acciones y conversaciones de Moisés, David, Elías y otros profetas. Los católicos hemos honrado esta tradición y registrado con detalle la muerte de los santos, incluyendo sus últimas palabras y acciones, para dar testimonio de su santidad y animar a los fieles.

El 5 de septiembre de 1997 coincidió con lo que las MC conmemoran como el "primer viernes". Desde finales del siglo XVII, la Iglesia Católica ha promovido una especial devoción por el Sagrado Corazón de Jesús que se recuerda el primer viernes de cada mes, acompañado por prácticas de penitencia, para conmemorar su misericordia y amor infinitos, y el perdón de los pecados. Para las MC, esto significa una vigilia de una hora de oración en la capilla hasta la medianoche del jueves, y hacer ayuno en el almuerzo del día siguiente.

La Madre Teresa se despertó el primer viernes con la expectativa de seguir la práctica disciplinaria de la comunidad religiosa que había fundado. Pero el dolor de espalda la seguía acosando y no pudo asistir a las oraciones matutinas. Mientras la hermana Nirmala María la ayudaba a vestirse para la misa, le dio algunos calmantes para aliviarle el sufrimiento, de modo que pudiera ir a la capilla junto a las demás hermanas. Al finalizar la misa, la hermana Luke empujó su silla de ruedas para que se encontrara con una pareja de Bombay que, hacía días, intentaba tener una visita privada y sacarse una foto con ella. La Madre tenía la costumbre de saludar a todo el que visitara la casa general y pidiera verla, aunque nunca dejó de disgustarle que le sacaran fotos, y sostenía que cada vez que le sacaban una, un alma era liberada del purgatorio.

Nadie puede contar cuántas almas llegaron al cielo gracias a la paciencia de la Madre.

La Madre regresó a su habitación para una merienda compuesta de té, pan y una banana. Inmediatamente después recibió el primer tratamiento BiPap del día, que tenía la misma duración que la oración del rosario. Luego se lanzó de lleno al trabajo. Primero, convocó a una reunión especial del Consejo MC, el grupo directivo de cinco hermanas elegidas por sus pares, a las nueve de la mañana. Después de una hora de sesión, fue hacia su escritorio y comenzó a firmar las planillas para autorizar a las mujeres a tomar los votos temporales o finales como MC. También firmó toda la correspondencia que le había preparado la hermana Joel, la secretaria de la Madre que había trabajado a su lado durante quince años. Las cartas se habían acumulado porque la Madre no había podido hacer el trabajo de oficina por varios días. Insistía en que personalmente iba a firmar sus propias cartas y agradecimientos por donaciones, como siempre lo había hecho. Se abocó a la tarea y entonces, al igual que una estudiante orgullosa después de completar sus trabajos, llevó la caja con la correspondencia firmada desde su habitación hasta el escritorio de la hermana Joel en la oficina principal.

Ver a la Madre Teresa de regreso en sus antiguas rutinas después de haber tenido un día tan espantoso, sorprendió y tranquilizó a las hermanas. La hermana Nirmala María le trajo una bebida medicinal para los riñones, el corazón y los pulmones.

Cerca de la una de la tarde, la Madre fue a la capilla para la oración del mediodía. Al terminar, escuchó los pasos de un niño que corría por el corredor afuera de la capilla, y alegremente le dijo a la hermana Nirmala María: "Creo que hay alguien esperándome afuera". El niño era Mark Wheatley de cuatro años, cuya abuela había traído a una amiga con su hija para que conocieran a la Madre. Tuvieron una reunión improvisada en la misma zona de bienvenida en la que conocí a la Madre. La hija estaba deprimida y había pensado en suicidarse, y ella y su madre le pidieron a la Madre que oraran para que esa perturbación mental la dejara. La Madre aceptó feliz. Estas visitantes serían las últimas en recibir la bendición de las manos sobre la cabeza, característica de la Madre.

Normalmente, la Madre habría ido a almorzar, pero debido al ayuno del primer viernes de mes no quiso comer. Había pasado toda su vida siguiendo estrictamente las rutinas y reglas de su congregación religiosa y no iba a desviarse. Conocía el poder de liderar con el ejemplo, así que cuando llegó la pregunta de ayunar o no, fue inflexible en cuanto a que no iba a ser justificada de los sacrificios que las demás hermanas estaban haciendo. Cuando ellas intentaron llevarle en la silla de ruedas hacia la habitación donde la esperaba el almuerzo, se estiró y se agarró de las paredes de la puerta de entrada para evitar entrar. Finalmente, la hermana Nirmala vino y le recordó a la Madre que siempre había sido política de la casa general que todas las hermanas enfermas debían comer los primeros viernes de mes. Solo así la Madre accedió. Esta debe haber sido una batalla que perdió con alegría; estaba hambrienta después de haber ingerido tan poco el día anterior. Comió arroz y ensalada de los platos que le trajeron a su escritorio y luego se retiró a dormir su siesta.

Cuando se despertó, el dolor de espalda era otra vez insoportable. Bebió el té en la cama, apoyada sobre un codo. Después, se levantó y se sentó a la mesa para hacer su lectura espiritual, tal como lo establecía la rutina diaria de las MC. Afuera, el cielo se había oscurecido y pronto llegaría una tormenta. La hermana Nirmala María cerró la ventana de la Madre y encendió la luz para que pudiera seguir leyendo. También le pidió que regresara a la cama, porque estar sentada era malo para la espalda, pero la Madre se resistió. La hermana Nirmala tuvo que animarla gentilmente para que obedeciera. Seguía otra sesión del tratamiento BiPap y la oración del rosario.

La Madre Teresa se sometió al odioso tratamiento, luego se levantó de la cama como si tuviera una misión, diciendo que no había terminado con toda la correspondencia que la hermana Joel le había preparado. Su estado de ánimo había mejorado, y se rio cuando la hermana Nirmala María bromeó diciéndole que estaba más ocupada ahora que cuando era la superior general. Nada iba a detenerla de limpiar el escritorio ese viernes. Firmó las notas de agradecimiento a los donantes hasta cerca de las cuatro y media de la tarde.

Con el trabajo terminado, regresó a su habitación. El hermano Geoff, director de los Hermanos de las Misioneras de la Caridad, había venido hasta la casa general para saludar a la Madre antes de irse a una misión en Singapur. Las hermanas que cuidaban a la Madre sentían que esas visitas agotaban su energía, pero debido a que el hermano Geoff era parte de la familia, sabían que tenían que ceder. Se reunió con la Madre en su habitación y se fue con un regalo que aún conserva. La Madre le había regalado una imagen enmarcada del Sagrado Corazón de Jesús que ella misma veneraba con frecuencia durante los tratamientos de BiPap.

Sin embargo, el dolor de espalda había empeorado durante la reunión. Los analgésicos ya no la aliviaban. La hermana Nirmala María habló preocupada con la hermana Shanti, que aprobó darle Lodine —un antiinflamatorio más fuerte— que un médico le había prescrito a la Madre durante su visita a Nueva York tres meses antes.

Poco después de las cinco de la tarde, llevaron a la Madre Teresa en silla de ruedas hasta la entrada de su habitación para que pudiera saludar a la actriz Shashikala de Bollywood, que estaba parada en la terraza de la capilla deseando echar un vistazo a la futura santa. Pero estar sentada le era ya tan doloroso que la Madre se vio obligada a volver de inmediato a la cama. La hermana Shanti había hecho que la Madre se acostara de costado para masajearle la espalda, haciendo presión con una almohada para no lastimar la frágil columna ni los quebradizos huesos de la monja. La Madre la exhortó a que frotara con más fuerza. "Haz mayor presión en el lugar", le ordenó, y la hermana Shanti obedeció. "¡Qué bien!", respondió la Madre. Mientras la hermana Shanti le hacía masajes, rezaba el rosario con la Madre, que a menudo ni siquiera podía orar debido al fuerte dolor.

La hermana Gertrude había estado fuera todo el día y regresó cerca de esa hora. La Madre expresó simulando seriedad: "¡Me abandonaste!". La hermana Gertrude le explicó que había estado en Prem Dan, una de las misiones de las MC. La Madre le dijo: "Mi viejo amigo ha vuelto", haciendo referencia al dolor de espalda. Pero parecía desorientada. Tres veces le repitió a la hermana Gertrude: "Muy bien, vamos para casa". Ella la corregía amablemente: "Pero, Madre, estamos en casa".

A lo largo de su enfermedad, así como en todos los casos que la precedieron, la Madre intentó ofrecer su dolor a Dios. Oraba mientras sufría y tenía imágenes encima de la cama para que la ayudaran a enfocarse: una de María, la Madre de Jesús; una foto de Santa Teresa del Niño Jesús con la cita "Mi vocación es el amor"; la imagen del Sagrado Corazón, y una pequeña corona de espinas, con una cruz en el medio. Durante esa última noche de su vida, tuvo mucho dolor para ofrecer. El Lodine ya no surtía el efecto esperado y el dolor de la Madre era insoportable. La hermana Gertrude la vio besar una imagen de Jesús coronado con espinas, que siempre interpretó como si la Madre se identificara con su agonía y pena. La Madre pasó las últimas horas de la tarde escuchando a la hermana Gertrude leerle un libro que estaba al lado de su cama, llamado *Only Jesus* [Solo Jesús] de Luis Martínez, el primer arzobispo de la ciudad de México.

A las seis de la tarde, llegó la hora en que las MC solían reunirse en la capilla para la adoración eucarística. Aunque la Madre quiso asistir, las hermanas insistieron en que se quedara en la cama y no agravara aún más el dolor de espalda. Rezó el rosario con la hermana Nirmala María y luego habló por teléfono con su amiga Sunita Kumar. Sunita había llamado para pedir oración por su hijo, Arjun, a quien le habían diagnosticado Hepatitis C. Durante la conversación, la Madre no le mencionó nada sobre lo mal que se sentía. Al finalizar la hora de oración en la capilla, la hermana Nirmala le trajo la píxide con el Santísimo Sacramento a la Madre, que lo besó con reverencia y cariño, como si fuera un último adiós. Para la cena, comió un sándwich en su habitación y se preparó para regresar a la cama.

La tormenta había empeorado. El cielo estaba muy oscuro y el viento silbaba mientras la Madre se ponía la ropa de dormir y talco para bebé, como era su costumbre durante los meses más húmedos. La temperatura de la habitación había descendido mientras el frente de tormenta se acercaba, y la Madre tuvo frío: "Cúbreme con la manta que trajiste de Roma", le pidió a la hermana Gertrude. La manta de lana tenía un valor sentimental para ambas. La hermana Gertrude se la había regalado a la Madre en Taizé, Francia, en 1976, en una reunión interreligiosa donde miles de jóvenes habían orado por la paz. Hacía mucho tiempo que era la favorita de la Madre, pero la había dejado en el hogar de las MC en Roma. Pero poco tiempo atrás, la hermana Gertrude se la había traído a Calcuta.

Una violenta tormenta comenzó a golpear la ciudad. Las tormentas eléctricas azotaban Calcuta con una ferocidad asombrosa. La primera vez que experimenté una me quedé asombrado, incluso aún después de crecer en medio de los huracanes de Florida y de tormentas eléctricas diarias cercanas a la costa. En Calcuta, los rayos caen con una rápida secuencia y son enceguecedores. El estruendo de los truenos rebota en los edificios de concreto y en las calles, lo que hace que una tormenta de finales de verano suene como los bombardeos de la Alemania nazi sobre el Reino Unido.

La tormenta anunciaba el comienzo del fin de la Madre. De repente, no pudo respirar. Mientras ella se sentaba en el borde de la cama respirando con dificultad, la hermana Gertrude chequeaba sus signos vitales que la hacían preocuparse cada vez más por el estado de sus pulmones. "La Madre se está ahogando en sus propias secreciones", les dijo en voz baja a las otras hermanas. Todas corrieron a buscar el equipo y los suministros médicos de emergencia que habían guardado para ese momento, esperando asistir de forma mecánica cuando los pulmones y el corazón de la Madre fallaran.

En el preciso momento en que este equipo habría hecho una diferencia, un rayo golpeó bruscamente en el barrio y desencadenó un corte del suministro eléctrico en la casa general. Este no era un corte de luz común. Los cortes de electricidad en el convento de Calcuta eran comunes, pero esa noche, no solo significó que el suministro eléctrico dejara de funcionar, sino que el tendido eléctrico de reserva del que dependían las hermanas para casos de emergencia también se cortara.

Ya eran las ocho y media y la casa general estaba a oscuras. Las hermanas se peleaban por las velas, pero tenían que tener cuidado alrededor de la bomba de oxígeno que la Madre tenía sujeta con una inútil pinza nasal. La hermana Shanti ordenó que alguien llamara al Dr. Woodward, que había visitado la casa general en ocasiones anteriores para atender a la Madre en casos extremos. Él y su esposa, una enfermera, dejaron todo y vinieron corriendo.

La hermana Joel corrió a la oficina y llamó a la parroquia más cercana, St. Mary —donde comenzó el trabajo original de la Madre con los pobres de Calcuta—, para pedir que un sacerdote acudiera de inmediato a administrarle los últimos ritos sacramentales. Dio la casualidad de que el padre Hansel D'Souza estaba sentado cerca del teléfono esperando la llamada de un amigo cuando lo contactó la hermana Joel. Estaba a tan solo nueve minutos e, inmediatamente, se puso en marcha.

Mientras tanto, las hermanas hacían todo lo posible para atender a su agitada y moribunda Madre. El oxímetro de pulso funcionaba con baterías, pero las cifras que mostraba la pantalla le confirmaban a la hermana Nirmala María que la situación de la Madre era desesperante. En el viaje reciente de Calcuta a Roma, la lectura de ochenta y cinco había sido una causa de alarma: ahora estaba por debajo de cincuenta. El pulso, que normalmente rondaba las noventa pulsaciones, era terriblemente irregular: la lectura mostraba cincuenta, luego ciento treinta y luego doscientos. La Madre Teresa se sentó en el borde de la cama, los ojos se le saltaban por su lucha por respirar.

Era evidente que la vida de la Madre Teresa se estaba desvaneciendo, tanto el corazón como los pulmones le fallaban. La hermana Luke se esforzaba por revisar los medicamentos de emergencias con una pequeña linterna. La máquina Bi-Pap, que podría haber asistido la respiración de la Madre y posiblemente haberle extendido la vida, estaba a un lado, pero no servía para nada sin electricidad.

La Madre dijo sus últimas palabras audibles alrededor de las 8:45 de la noche: "No puedo respirar". Era algo normal y natural para decir en esas circunstancias. Afuera, la tormenta no daba tregua; sin embargo, una calma relativa descendió sobre la Madre. Estaba rodeada de sus amadas hermanas que estaban haciendo todo lo posible para hacerla sentir cómoda, y se aseguraron de que un sacerdote y el Dr. Woodward vinieran en camino. Mientras esperaban juntas a la luz de las velas, derramaron su corazón con lágrimas y ansiosas oraciones.

El padre D'Souza llegó primero e inmediatamente le administró a la Madre los últimos ritos sacramentales, ungiéndola con los mismos aceites sagrados que se utilizan en el bautismo. Ella estuvo todo el tiempo consciente. El Dr. Woodward llegó justo después de la unción, y comenzó a prepararse para darle algunas medicinas e intubarla en la oscura y concurrida habitación. Las hermanas rodeaban la cama de la Madre, mientras recitaban las oraciones que ella les había enseñado: "Sagrado Corazón de Jesús, en ti confío", y "María, Madre de Jesús, sé Madre de la Madre ahora". De acuerdo con la hermana Gertrude, que sostenía su cabeza sobre su regazo, parecía que ella movía los labios con estas oraciones; parecía como si estuviese repitiendo "Jesús" una y otra vez. Ya no tenía una voz audible porque los pulmones no le funcionaban.

Solo habían pasado entre cinco y diez minutos en la oscuridad, pero habían parecido interminables. Cuando regresó la luz, la concurrida habitación se convirtió en un caos debido a que todos intentaban ayudar. Las hermanas le aplicaron a la Madre una inyección de derifilina para tratar la obstrucción pulmonar y ayudarla a respirar, y otra inyección de Lasix para reducir la acumulación de fluidos en los pulmones, parte del procedimiento de emergencia que ya estaban llevando a cabo. Se volvió a cortar la luz, esta vez por dos exasperantes minutos que afligieron a las hermanas. No podían depender de ninguno de los aparatos médicos. La naturaleza tomaría su curso sin impedimentos.

La cabeza de la Madre seguía apoyada sobre el regazo de la hermana Gertrude mientras las otras hermanas continuaban orando y presentado sus exhortaciones ante Dios. A las 8:57 minutos de la noche, la Madre Teresa miró hacia un costado, después hacia arriba y luego cerró los ojos. Nunca más los volvió a abrir. Había encomendado su alma a Aquel que la había creado y le había dado aliento de vida esos ochenta y siete años. Falleció en su propia cama, rodeada de sus amadas hermanas, tal como ella quería.

El Dr. Woodward hizo lo que todos los doctores están entrenados a hacer en un momento como ese: intentó revivirla. La intubó, le administró una inyección de emergencia en la arteria femoral y le hizo masaje cardíaco. El oxímetro al que estaba conectada registraba un latido, que le dio un breve atisbo de esperanza a las hermanas que estaban en la habitación. Pero ese latido provenía del marcapasos que le habían colocado tiempo atrás. El Dr. Woodward pronto se dio cuenta de que esa vez ya no podría reanimarla. La Madre ya se había ido al hogar con Dios. Estaba en la casa del Padre, segura, triunfante, libre y en paz.

A las 9:30, el Dr. Woodward le dijo a la hermana Nirmala: "La Madre ha partido con Jesús". La desconectó de las máquinas y declaró su muerte.

La Madre Teresa había estado al borde de la muerte muchas veces —el Dr. Woodward calculó luego que fueron unas diez a doce veces— y siempre se había recuperado. El trueno que habían escuchado estrellándose en Calcuta lo recordarían ahora como el sonido de las trompetas celestiales que anunciaban la llegada de una sierva fiel. El cielo había esperado demasiado.

Directamente desde la habitación, la hermana Nirmala anunció la muerte de la Madre a las doscientas cincuenta novicias reunidas en oración en la capilla. Entre ellas se escuchó espontáneamente un fuerte clamor. La hermana Inmacula, que era una novicia en ese momento, contó que era un gemido que habría quebrado hasta al corazón más duro. La combinación de los extraños cortes de luz con la confirmación de sus temores más temidos, abrumaron a las hijas espirituales de la Madre.

Y, aun así, la hermana Nirmala expresó que era imposible no pensar en la Madre sentada delante del trono de Dios, escuchando las mismas palabras de Jesús que ella había citado en innumerables ocasiones:

"Vengan, benditos de mi Padre, y reciban en herencia el Reino que les fue preparado desde el comienzo del mundo, porque tuve hambre, y ustedes me dieron de comer; tuve sed, y me dieron de beber; estaba de paso, y me alojaron; desnudo, y me vistieron; enfermo, y me visitaron; preso, y me vinieron a ver". Los justos le responderán: "Señor, ¿cuándo te vimos hambriento, y te dimos de comer; sediento, y te dimos de beber? ¿Cuándo te vimos de paso, y te alojamos; desnudo, y te vestimos? ¿Cuándo te vimos enfermo o preso, y fuimos a verte?". Y el Rey les responderá: "Les aseguro que cada vez que lo hicieron con el más pequeño de mis hermanos, lo hicieron conmigo".[90]

CAPÍTULO 15

Santa Teresa de Calcuta

*De sangre soy albanesa. De ciudadanía, india.
En lo referente a la fe, soy una monja católica.
Por mi vocación, pertenezco al mundo. En lo que
se refiere a mi corazón, pertenezco totalmente
al corazón de Jesús.*

—MADRE TERESA

El papa Juan Pablo II habló en nuestro nombre en los días que siguieron a la muerte de la Madre Teresa. En su primera aparición pública tras conocer la noticia, se salió del discurso que tenía preparado para hablar con una voz temblorosa acerca de su "luminoso ejemplo" y abrazar "el corazón de los niños moribundos y abandonados, de los hombres y mujeres aplastados por el peso del sufrimiento y la soledad". En la misa del siguiente día recordó a su amiga con afecto: "Vive en mi memoria como una pequeña figura, cuya completa existencia fue el servicio a los más pobres de los pobres, pero que siempre estaba llena de una energía espiritual inagotable, la energía del amor de Cristo". Su muerte, diría luego, "nos dejó a todos un poco huérfanos".

Así era justamente como yo me sentía. Estaba en un viaje de negocios hacia Tampa Bay, yendo al aeropuerto para tomar el vuelo de regreso a casa en Tallahassee. Me había detenido en una gasolinera para echarle combustible al auto alquilado, cuando recibí en el localizador un mensaje de emergencia de parte de Jackie Roberts, mi asistente en "Envejecer con dignidad". Encontré un teléfono y llamé a Jackie, que me dijo que la Associated Press, la agencia de noticias de Estados Unidos, confirmaba la muerte de la Madre. Rompí en llanto.

Me sorprendió la profundidad de mi reacción ante la noticia que había esperado por tanto tiempo. La Madre tenía ochenta y siete años, era realmente anciana para ser alguien de Calcuta. Había gastado a diario cada gota de su vida y había estado enferma por largo tiempo. Me había comunicado con la casa general dos días antes, y la hermana Priscila me había dicho que la Madre estaba bien, estaba levantada y haciendo su trabajo. Pero ahora, un capítulo determinante de mi vida se acababa. ¿No es de extrañar que no pudiera dejar de llorar frente a la cadena multinacional 7-Eleven en el aeropuerto de Tampa?

Sin embargo, los amigos de la Madre aquí en la tierra todavía tenían trabajo por hacer. Tan solo unas semanas después de su muerte, el papa ya estaba expresando su esperanza de poder canonizarla. Aceleró el proceso a través del cual la Iglesia católica nombra santa a una persona al eximir el período de cinco años establecidos para siquiera comenzar a considerar el caso formalmente. Yo fui una de las ciento trece personas a las que el Vaticano pidió testificar bajo juramento como parte de la valoración del mérito de unirse a las filas de los elegidos.

El padre Brian Kolodiejchuck y la hermana Lynn de la casa general lideraron el grupo de las MC a cargo de preparar la documentación necesaria para que el Vaticano analizara su caso. Al cabo de dos años, habían recopilado ochenta y tres tomos con treinta y cinco mil páginas de documentos —que comenzaban con su certificado de bautismo—, y lo entregaron a la Congregación para las Causas de los Santos del Vaticano.[91] También contribuí con este expediente al entregar una declaración de cincuenta y seis páginas y otros cuarenta y un anexos que incluían correspondencia legal, memorándums enviados a la Madre y cinco cartas manuscritas de ella.

Mary y yo fuimos involuntariamente beneficiarios de esta detallada búsqueda de archivos y registros en la casa general. En junio de 2000, recibimos un paquete de la hermana Priscilla, la secretaria general de las MC, que incluía una foto de nuestra familia que yo le había enviado a la Madre años atrás. En la carta, la hermana Priscilla escribió:

> Les envío un verdadero tesoro que encontramos el otro día en el cajón del escritorio de la Madre. Nunca lo habíamos revisado antes, ¡así que dos años y medio después descubrimos esta fotografía! ¿Se pueden dar una idea? ¡La Madre nunca guardaba fotos ni nada! ¡Y guardó esta! ¡Estoy segura de que la atesorarán!

Lo sentí como un mensaje desde el más allá.

Yo había vuelto a Calcuta un par de veces y había orado en la tumba de la Madre en la planta baja de la casa general. Se había convertido en destino turístico y lugar de peregrinaje, y cada día, miles de visitantes presentaban sus respetos. Las hermanas MC se encontraban a menudo entre ellos. Aunque sus creencias cristianas les aseguraban que ella estaba más cerca de ellas que antes, extrañaban terriblemente su presencia física.

Pero seguían adelante con el trabajo que ella había comenzado, y veían frescas señales del favor de Dios. Durante el primer año después de la muerte de la Madre, se abrieron nueve casas entre la India, África, Sudamérica y el Oriente Medio. En diez años, se sumaron mil hermanas nuevas y más de ciento cincuenta hogares, todo ello a medida que las MC se extendieron y pasaron de tener presencia en ciento veinte países a tenerla en ciento treinta y cuatro.

Mientras tanto, el poder cultural de la Madre Teresa no menguó. Se produjeron numerosos documentales y hasta un largometraje. Uno de los mejores fue la película de Ann y Jan Petrie, *The Legacy* [El legado], una continuación de su obra maestra original que incluía imágenes del funeral y del sepelio. Se publicaron una cantidad innumerable de libros y artículos de revistas sobre la Madre y su trabajo. El Servicio Postal de los Estados Unidos emitió un sello conmemorativo para honrarla.

Mi vida después de la Madre se volvió, por necesidad, más seria y útil que antes. Cuando ella vivía me encontraba dentro de su burbuja protectora, y ni se me ocurría hacer algo que pudiese empañar en lo más mínimo mi relación con ella. Adapté la exhortación de San Pablo al pueblo de Corinto —*Sigan mi ejemplo, así como yo sigo el ejemplo de Cristo*— y traté de imitar a la Madre a mi manera.[92] Mi vida cristiana había echado raíces a su sombra, y con su partida, sabía que tenía que elegir entre poner sus enseñanzas y ejemplo en práctica o desperdiciar la gracia que había recibido y volver a la mediocridad espiritual que conocía.

Afortunadamente, su vívido recuerdo y mi buena esposa no permitieron que lo segundo fuera una opción. Y, además, le había prometido a la Madre cuando estaba internada en cuidados intensivos en Woodlands, que continuaría ayudando a las MC después de que ella partiera. Esa promesa fue suficiente para seguir comprometido con el trabajo, y había mucho por hacer con las MC, porque como dijo Jesús: *A los pobres los tendrán siempre entre ustedes.*[93]

Continué controlando el uso fraudulento de los intentos de recaudación de fondos y el uso no autorizado del nombre de la Madre. Se le atribuyó el poema *"Do It Anyway"* [Hazlo de todos modos] y se reprodujo en carteles y tarjetas de oraciones, aunque en realidad lo había escrito Kent Keith. El tabloide *Weekly World News* publicó un artículo de portada llamado "Las profecías de los últimos tiempos de la Madre Teresa" que afirmaban basarse en las "predicciones desde su lecho de muerte". Incluían hambruna, una práctica masiva de canibalismo, una guerra civil en los Estados Unidos, cuarenta días y cuarenta noches de lluvia de color rojo sangre, y en el día de Navidad de 1998, el nacimiento de un "nuevo niño Cristo" en Canadá. Todo mentira, por supuesto.

Mientras que esas situaciones no acaparaban mucho interés, sí lo hizo el anuncio del Vaticano en 2002 acerca de que la Madre Teresa estaba camino a la santidad oficialmente. El proceso de la Iglesia católica para la canonización requiere el paso intermedio de "beatificación", un fallo formal de parte del Vaticano en el que se confirma tanto la "virtud heroica" del candidato como el milagro atribuido a su intercesión ante Dios. Para que sea un milagro, de acuerdo con el criterio de la Iglesia, tiene que existir un suceso de sanidad de un individuo que haya sido inmediato, completo y no tenga ninguna explicación científica, y que sea respuesta de un llamado específico a la intercesión del santo en cuestión. La Congregación para las Causas de los Santos y su panel de especialistas médicos certifican todos esos sucesos.

Llevó menos de seis años chequear todos esos aspectos; una velocidad inaudita en Roma, y el papa Juan Pablo II no perdió tiempo en organizar una ceremonia pública para honrar a su amiga y acercarse un paso más hacia su santidad.

Para resaltar la importancia que tenía la Madre Teresa para él, eligió que la ceremonia de beatificación coincidiera con el vigésimo quinto aniversario de su pontificado. Se organizaron varias actividades durante el fin de semana, que incluyeron un concierto de una orquesta para honrar al enfermo pontífice y sus logros destacados, pero todo culminaría el domingo con el reconocimiento oficial de la santidad de la Madre Teresa. El papa seguramente deseaba desviar la atención de sí mismo tanto como honrar a la mujer que admiraba. Estados Unidos envió una delegación presidencial liderada por la cuñada del presidente George W. Bush, la primera dama de Florida, Columba Bush. El presidente, mi jefe en ese momento, me pidió que fuera uno de los miembros del grupo, que también incluía a católicos prominentes de Estados Unidos como el exembajador ante la Santa Sede, Jim Nicholson; el comentarista político, Peggy Noonan, y la profesora de la escuela de leyes de Harvard, Law Mary Ann Glendon.

Cuando llegó el día de la misa de beatificación, la plaza de San Pedro estaba abarrotada; había alrededor de trescientas mil personas. A Juan Pablo II lo llevaron desde la basílica hacia la plaza en una silla móvil diseñada especialmente para adaptarse a su creciente discapacidad por el Parkinson. Él sabía que no viviría para ver a la Madre canonizada, así que no se guardó nada en la aclamación hacia su amiga al llamarla "un ícono del Buen Samaritano". "Alabemos al Señor", exhortó a la multitud, "por esta diminuta mujer enamorada de Dios, una humilde mensajera del evangelio y una incansable benefactora de la humanidad".

Todo lo que quedaba para que pasara de ser "Bendita" a "Santa" Madre Teresa de Calcuta era un segundo milagro que el Vaticano pudiera aceptar. La oficina del padre Brian se inundó de relatos de bendiciones extraordinarias —que los expertos del Vaticano denominan "favores" en lugar de milagros— atribuidos a la intercesión de la Madre. Experimenté mi propio favor en el 2009.

Yo era presidente de la universidad Saint Vincent College de Pennsylvania, y había suspendido a uno de los sacerdotes y profesores benedictinos, y notificado a las autoridades tras recibir pruebas convincentes de que el monje había visto pornografía infantil en las redes de la universidad. La defensa del sacerdote fue que un estudiante había usado su computadora sin su conocimiento para acceder al desagradable material. Declaró que solo aceptaba la suspensión para proteger al estudiante, que había reconocido este pecado durante la confesión.

El campus estaba conmocionado por la controversia, y gran parte de los profesores y del cuerpo de estudiantes estaba convencido de que había arruinado a un hombre inocente. Yo sabía un poco más porque la información recuperada del programa que registra las pulsaciones de las teclas apuntaba al monje y no al estudiante, pero me fue difícil demostrar que él estaba mintiendo con la evidencia ampliamente circunstancial que yo tenía. El sacerdote había armado tal alboroto que anuncié que dejaría mi puesto al final del año académico, a fin de evitar que este circo distrajera a los estudiantes de su educación.

La confusión en la universidad me estaba pasando factura, y decidí manejar durante cuatro horas hacia Washington para acompañar a las MC en la profesión de los votos finales que realizaban cada diciembre para los nuevos grupos de hermanas. Estar con las MC siempre me refrescaba el alma, y no necesitaba nada más. Cuando llegué a la Basílica de la Inmaculada Concepción donde iba a celebrarse la misa, me dirigí hacia abajo, justo donde se encuentra una enorme estatua de la Madre Teresa. Me arrodillé delante de ella y derramé mi corazón, le hice hincapié en que el plan de Dios no podía ser reivindicar al sacerdote cuando yo sabía que él era culpable. Lloré delante de la estatua de la Madre de la misma manera en que lo había hecho en su presencia en la Iglesia de Saint Thomas hacía más de una década. Después de terminar la oración, subí a la misa y luego visité a algunas de las hermanas que no había visto en años. Con el espíritu renovado, regresé a casa.

En algún lugar de la autopista de Pennsylvania, recibí una llamada de Dennis Grace, mi mano derecha en la universidad, con noticias urgentes: Eddie Dejthai, director de informática de la universidad, había recuperado de la base de datos institucional una gran cantidad de fotos personales y correos electrónicos altamente incriminatorios que el sacerdote creía haber borrado. Esta era la prueba indiscutible que necesitaba. Lo envié todo al Vaticano. Si bien llevó varios años, la Congregación para la Doctrina de la Fe, en gran medida con base en la evidencia descubierta por Eddie ese día de diciembre, expulsó al sacerdote y lo echó de la vida monástica. El papa Benedicto XVI en persona firmó la orden final.

Estoy convencido de que todo esto sucedió gracias a la intercesión de la Madre. Al igual que con los milagros en los tiempos de Cristo, se puede justificar como una coincidencia la misteriosa aparición de la prueba concluyente contra el perverso sacerdote, acontecida justo unas horas después de que dirigí mi plegaria a la Madre. Aunque las autoridades de la Iglesia católica a cargo de su proceso de canonización lo llamarían un favor, para mí fue un auténtico milagro.

En diciembre de 2015, un hombre de Brasil que tenía muchos abscesos en el cerebro había entrado en coma y no tenía expectativas de vida. La esposa le rezó a la Madre Teresa rogando con desesperación por su recuperación, y colocó una reliquia junto a su cabeza del lado donde estaban los tumores. Mientras los cirujanos lo preparaban para la última cirugía destinada a aliviarle la presión en su cerebro, el hombre se despertó y preguntó: "¿Qué estoy haciendo aquí?". Los abscesos habían desaparecido. Estaba completamente recuperado. ¡Era oficialmente un milagro!

El papa Francisco inmediatamente programó la ceremonia de canonización y, unos seis meses después, recibí un llamado telefónico de Calcuta. Era la hermana Lynn, una de las MC a cargo de los preparativos para el evento. Llamaba para comunicarme el pedido de la superiora general: "A la hermana Prema le gustaría que tú hicieras la primera lectura en la misa de canonización de la Madre".

Dije que sí, agradecí al Señor y llamé a Mary. Pero estaba un poco atontado; no merecía este privilegio más de lo que había merecido ser amigo de la Madre en primer lugar. Pensé en todas las demás personas cercanas a ella que merecían este honor, y aún más, en las Hermanas, los Hermanos y los Padres MC que habían trabajado a su lado.

Pero tampoco lo iba a pensar dos veces. Para mí, la solicitud de hacer la lectura en la misa de canonización vino de lo alto con la bendición de la Madre, por no decir con su orquestación. Ella sabía lo agradecido que yo estaba por haberme permitido entrar en confianza con ella y volverme su amigo, y ahora este nuevo privilegio simplemente se sumaba a estas bendiciones.

En septiembre del 2015, Roma estaba en medio de una ola de calor, y el clima impropio de la época hacía que la ciudad se pareciese mucho a Calcuta. Durante el ensayo para la misa, el monseñor del Vaticano me dijo que no levantara la vista durante la lectura "para que no me distrajera al transmitir la palabra de Dios a las personas". Sin embargo, cuando subí al estrado, eché un vistazo hacia abajo al leer del Libro de la Sabiduría, y luego miré —por un instante— la vasta multitud cociéndose bajo el implacable sol. Cobré ánimo para no quedarme sin habla.

El eco de las primeras palabras a través de la columnata de Bernini me recordó que fuera más despacio. El papa estaba sentado justo detrás de mí. Fue un momento extraordinario. Sin embargo, cuando regresé a mi asiento, era imposible para mí no pensar en los momentos extraordinarios que viví con la Madre. Recordé cuando la llevé en mi Honda Prelude rojo de 1982; cuando comía Kentucky Fried Chicken frente a mí en un vuelo a San Diego; cuando rezaba absorta sobre sus rodillas en la capilla de la casa general, cuando frotaba el pecho de un hombre moribundo en Regalo de Paz, su hogar para enfermos de sida en Washington D. C.

Justo encima de donde estaba sentado el papa Francisco colgaba un enorme retrato de la Madre Teresa. La representaba con un halo, debido a que se había unido a la compañía de los elegidos, las personas que ella veneró a lo largo de su vida: María, José, Pedro y Pablo; su homónima, Teresa del Niño Jesús, y todos los demás santos. La ironía de todo esto me sacudió, porque la Madre nunca se creyó a sí misma alguien especial ni digna de alabanza. Era una servidora, una sierva, o como ella decía de una forma inimitable, "un lápiz en la mano de Dios". Se veía a sí misma como la "sierva inútil" del evangelio,[94] que no hizo más que lo que era su obligación. La tarea de la Madre era la búsqueda de la santidad. "La santidad no es el privilegio de unos pocos sino la responsabilidad de cada uno de nosotros", me decía una y otra vez. Cumplió con su tarea, como lo hicieron muchos antes que ella y muchos lo seguirán haciendo después. La procesión de los santos no se limita a los que están canonizados.

Muchas mujeres que hoy también descansan en paz marcharon con la Madre por el mismo camino de santidad y alcanzaron la misma gloria. Sus hermanas también habían hecho lo que se les había pedido, y muchas ciertamente hoy disfrutan del "Reino que les fue preparado desde el comienzo del mundo". No importó que no hubieran recibido ninguna aclamación pública ni ceremonia en Roma; Dios conocía sus vidas y seguramente las juzgó merecidamente.

El sacerdote Celeste van Exem podría haberse reivindicado, y con razón, como el cofundador de las Misioneras de la Caridad y el consejero espiritual más cercano a la Madre. Está enterrado en una bóveda del cementerio de Calcuta, a unas pocas millas de la casa general. El lugar donde descansa está cubierto de maleza y es casi imposible de encontrar. Quien lo encuentre, verá su nombre grabado en una pared, el último de los nueve jesuitas enumerados y enterrados allí. Su hogar en la eternidad es seguro, y eso es todo lo que importa.

La Madre sabía que su vida no se trataba de ella misma. Llamaba a lo que hacía "una gota en el océano" y así también lo creía. Pero sabía que su insignificancia servía como un instrumento para la grandeza de Dios. Su rumbo era simple: provenía de Dios y viajaba al hogar con Dios. Ella fue tan solo una más en las procesiones misteriosas de personas que, a lo largo del tiempo y a través de las culturas, ha transitado el camino hacia la santidad, haciendo algo hermoso para Dios.

Para mí, en los treinta y seis años desde que la conocí —a lo que me refiero como "la vida después de la Madre"— el camino hacia la santidad ha significado imitarla. Ella es mi brújula. A menudo me pedía orar para que ella "no estropeara la obra de Dios", y cada día oro para no desaprovechar el regalo de la Madre que recibí de Dios. Incorporo en mis rutinas diarias pequeños recordatorios de la mujer que tuve la gran suerte de tener como amiga. Intento vestir algo de color azul cada día, tal como ella lo hacía. Sostengo el rosario en la mano cuando voy a la iglesia y camino deprisa cuando trabajo, tal como ella lo hacía. Cada noche leo el evangelio para la misa del día siguiente, al igual que ella, y cada mañana recito la misma oración que ella elevaba al levantarse.

Oh, Jesús, a través del más puro corazón de María, te ofrezco mis oraciones, obras, alegrías y sufrimientos de este día para todas las intenciones de tu Divino Corazón junto con todas las misas que se te ofrecen en todo el mundo católico. Te ofrezco mi corazón. Hazlo manso y humilde como el tuyo.

A la Madre le gustaba recordarles a sus amigos: "Si estás muy ocupado para orar, entonces estás muy ocupado". (Ella lo repetía a menudo; yo lo ignoraba con más frecuencia). Tengo fotos de ella en todos lados, en mi oficina y en casa. Nuestras oraciones familiares siempre terminan: "Madre Teresa de Calcuta, ora por nosotros". La Madre nos dijo a Mary y a mí que fuéramos santos y que hiciéramos de nuestro hogar otro Nazaret. Como regalo de bodas, nos obsequió un ícono religioso enmarcado con la siguiente inscripción: "Siempre oren juntos y siempre estarán juntos". Mary y yo lo hemos hecho así, y nuestros treinta años de matrimonio son un testimonio vivo para la mujer que ha sido nuestro norte.

No soy un santo. Nunca seré amable ni bondadoso como la Madre Teresa, sin importar cuánto lo intente. Pero también sé que puedo ser mejor de lo que soy, puedo ser más devoto, menos egoísta, más humilde, menos mundano, estar más enamorado de Dios y menos de mí mismo. Mientras tenía su compañía, era lo mejor que podía ser. Vi la bondad que era capaz de vivir, como si su santidad se pegara un poco en mí. Hace un cuarto de siglo que ella se ha ido y aún me siento huérfano.

Por momentos me encuentro como el hombre del evangelio que, mientras buscaba una cura para su hijo enfermo, Jesús le recordó que todo es posible para el que cree. El hombre le respondió: "Creo, ayúdame porque tengo poca fe".[95] En esos momentos, pienso en la Madre y en todo lo que me enseñó. Crezco en confianza, gracias a Dios, mientras intento vivir con la misma tenacidad que ella. Les dijo a sus hermanas que dieran hasta que doliera y amaran hasta que doliera. Esto es lo que anhelo. Trato de hacer tareas extra: hacer acciones extra, estar disponible para los niños a toda hora, decir que sí a las MC en todo momento cuando me piden algo, y poner manos a la obra para las personas en necesidad cada vez que puedo. Quiero estar agotado cuando me voy a acostar.

Encuentro gran consuelo al darme cuenta de que, de alguna manera —mayormente debido a la buena influencia de mi esposa y mi familia, de mis amigos y mentores espirituales e incluso de mis enemigos—, me he vuelto una mejor persona, un mejor cristiano, una mejor versión de mí mismo. Soy un dador, no un acumulador. Con la ayuda del ejemplo de la Madre Teresa en la tierra y sus oraciones desde el cielo, puedo seguir siendo un dador. Pero aún hay una gran labor por hacer.

La obra continúa

El ayer se fue. El mañana no ha llegado aún.
Solo nos queda hoy. Comencemos.

—MADRE TERESA

Un día frío de octubre, setenta y cinco hermanas de las Misioneras de la Caridad llegaron a la Antigua Catedral de San Patricio, en el Bajo Manhattan, para la misa del mediodía. Las acompañaban varias mujeres ancianas indigentes del hogar MC que se encontraba a unas millas, y también voluntarios que colaboraban con las MC y otros fieles católicos. Todos habíamos venido a celebrar el quincuagésimo aniversario del comienzo de la primera misión de la Madre Teresa en los Estados Unidos, establecida en 1971.

La iglesia apenas estaba medio llena, y no había ningún representante de la ciudad ni de la jerarquía católica; un contraste impresionante con los días en que la Madre Teresa asistía a esas misas y la multitud colmaba los santuarios de la iglesia, los cardenales y arzobispos presidían las liturgias, y los medios de comunicación presionaban por captar algún vistazo de ella. Pero la falta de fanfarria aumentaba la intimidad de la ocasión. Como nos enseñó la Madre, el trabajo de las MC era "para la gloria de Dios y el bien de las personas", no para la estima de los mundanos.

Sandy McMurtrie, Mary y yo habíamos tomado un tren matinal desde Washington para asistir al quincuagésimo aniversario. Cuando comenzó la misa, las voces de las hermanas del coro me recordaron a las voces angelicales que había escuchado en mi primera misa en Calcuta mucho tiempo atrás. Al finalizar el servicio, las hermanas caminaron en procesión, de dos en dos, cada una llevando una flor solitaria que debía colocarse en dos floreros vacíos. Cuando completaron la procesión, las flores individuales de las monjas formaban dos espléndidos arreglos florales, como pequeños actos de amor que se unen con el tiempo para crear algo hermoso que ofrecer a Dios.

La recepción en el patio que siguió a continuación se sintió como una reunión familiar. Vi a la hermana Manorama, la primera MC que conocí en Washington en 1985. Tenía ya setenta años, había servido en todos lados desde Saná, en Yemen, hasta New Bedford, Massachusetts, donde aún ayuda a dirigir un refugio MC para mujeres y niños. La hermana Tanya, la compañera de la Madre Teresa en sus reuniones con la Princesa Diana, vino para la celebración, aunque todavía se estaba recuperando por haber estado en cuidados intensivos debido al COVID. También me encontré con la hermana María Chandra, una hindú convertida que no veía desde los días en que recibimos juntos a los primeros pacientes con sida en Regalo de Paz. Estas viejas amigas se paseaban entre las hermanas más jóvenes que no habían tenido la oportunidad de conocer a la Madre Teresa, pero que, sin embargo, sentían el llamado de Dios a seguir sus pasos.

Las hermanas sabían muy bien que no podrían haber hecho todo lo que hicieron para los más pobres de los Estados

Unidos durante estas cinco décadas sin la ayuda de los voluntarios. Hablo de colaboradores como Gene Principe, el hombre que me enseñó a cuidar a los que están muriendo y que, con más de noventa años, aún trabaja seis días a la semana en el comedor comunitario de las MC en Harlem. O Michael Aldeguer, que desde hace veintidós años vive en una pequeña habitación del segundo piso en Regalo de Paz en el D. C., y cuida a tiempo completo a los moribundos e indigentes al final del pasillo. Era conmovedor volver a ver a esos hombres tan humildes y santos. Ambos están orgullosos de ser parte de la red de voluntarios MC que se extiende por todo el mundo. Junto a las hermanas, ellos continúan con la tarea que la Madre puso en movimiento. También sirven a Jesús "en su angustioso disfraz de los más pobres de los pobres".

Durante los veinticinco años desde la muerte de la Madre Teresa, las Misioneras de la Caridad crecieron en número y se convirtieron en el séptimo instituto de monjas más grande del mundo, con más de cinco mil cien mujeres y setecientos sesenta hogares en ciento y treinta y nueve países. Esta expansión de las MC es aún más notable considerando el 25% de disminución global en la vocación religiosa durante el último cuarto de siglo. En ese mismo período, en Estados Unidos, la cantidad total de monjas se desplomó a más de la mitad. Si bien las MC han permanecido estables, enfrentan muchos desafíos por el hecho de que las nuevas vocaciones se reducen y una gran cantidad de hermanas envejecen. La Madre enseñó a las hermanas a tomar todo con calma y a confiar en que Dios ve sus necesidades y provee.

La obra continúa sin importar la dificultad ni el peligro. Un año después de la muerte de la Madre, tres hermanas MC fueron abaleadas justo afuera de su convento en la ciudad costera de Hodeidah, Yemen, por extremistas islámicos convencidos de que irían al cielo por ese acto. Sin desanimarse, las MC enterraron a sus muertas y trajeron a tres valientes hermanas para continuar con su trabajo con los discapacitados de la ciudad que habían comenzado veinticinco años atrás. El sentimiento anticristiano en Yemen solo se ha intensificado en el siglo XXI, en especial en Adén, donde cinco hermanas MC llevaban adelante un hogar para discapacitados y ancianos. En diciembre de 2015, la última iglesia católica de la ciudad fue reducida a cenizas. La hermana Prema, la superiora general, le dio a cada una de las cinco hermanas la opción de que las reasignaran a otros lugares. Sin embargo, abandonar a los hombres y mujeres que tenían bajo su cuidado era impensable para ellas.

Durante la mañana del 4 de marzo de 2016, las cinco hermanas llevaban a cabo su usual rutina: asistieron a misa, tomaron el desayuno, se colocaron el delantal y dijeron la oración matutina de las MC:

Permítenos predicar de ti sin predicar,
no con palabras, sino mediante el ejemplo,
mediante la fuerza contagiosa,
la influencia compasiva de lo que hacemos,
la evidente plenitud del amor que nuestros corazones cargan ante ti.

Luego se dispersaron entre las salas para alimentar y limpiar a las ochenta personas que cuidaban. Dos hombres llegaron a la puerta de las MC con el pretexto de que venían a visitar a su anciana madre. Una vez adentro, sacaron sus armas automáticas y abrieron fuego; mataron al guardia de seguridad que los había dejado entrar y a los trabajadores que se encontraban en el patio. Habían venido a buscar a las cinco hermanas en nombre del Estado islámico. Localizaron a cuatro, les ataron las manos y las ejecutaron rápidamente. En la capilla del convento se encontraba el padre Tom Uzhunnalil, un sacerdote misionero que había servido en Yemen durante catorce años. Hicieron trizas el tabernáculo y todas las estatuas e íconos religiosos, y secuestraron al padre Tom. (Lo liberaron ileso después de dieciocho meses en cautividad).

La última monja restante, la hermana Sally, había escuchado los gritos y los disparos. Primero intentó entrar a la capilla para advertirle al padre Tom, pero cuando se dio cuenta de que era demasiado tarde, se escondió en una sala de almacenamiento al lado del refrigerador, parada inmóvil detrás de la puerta. Tres veces entraron los dos hombres en la habitación donde ella se encontraba de pie a plena vista. Cada vez, de alguna manera, no la veían. Después de noventa minutos, los hombres huyeron del lugar, se llevaron con ellos al padre Tom y dejaron detrás a la hermana Sally, ochenta pacientes y dieciséis muertos. Después de tomarse el tiempo para recuperarse de esa experiencia traumática, la hermana Sally regresó al Oriente Medio donde continúa sirviendo a los pobres. Las MC no han regresado aún a Adén, aunque mantienen hogares en otros lugares de Yemen.

Historias desgarradoras como esta son parte del territorio que ocupan las MC, ya sean guetos controlados por pandillas en los Estados Unidos o ciudades árabes devastadas por la guerra civil. Cuando el gobierno de Afganistán colapsó en el 2021 debido a la retirada de las fuerzas armadas estadounidenses, las cinco hermanas en Kabul que estaban a cargo de un hogar MC para niños gravemente discapacitados tuvieron que tomar una decisión. Había un avión que salía para Italia con cinco asientos reservados para ellas. Pero las hermanas se negaron a dejar a las once niñas y los tres niños en el hogar y prefirieron quedar a merced de los talibanes. Por la gracia de Dios y la ayuda del gobierno italiano, sacaron del país a las hermanas y a los catorce menores en el penúltimo avión que salió antes de que la ciudad cayese. (Ahora viven en un hogar de acogida en las afueras de Roma).

Las MC en la India enfrentaron un desafío igual de mortal el año pasado, cuando el subcontinente se volvió el epicentro de la pandemia de COVID, con un número de víctimas que se contaba por millones. Hacia finales del 2021, cincuenta y nueve hermanas habían muerto por el virus, incluidas las superiores de siete hogares. Esta tragedia no disuadió a las demás de hacer todo lo que el gobierno les permitía para aliviar la miseria de aquellos que sufrían por el virus y por la tragedia económica que provocó.

El trabajo es mucho menos arriesgado en algunos otros lugares, pero es igual de duro. En Miami, las hermanas alimentan a cientos de personas cada día en el comedor, y las veinticinco camas en su hogar de mujeres siempre están llenas. En Baltimore, las MC dirigen un hogar para mujeres, visitan a los presos y llevan alegría a ancianos confinados. Se abrió un nuevo hogar especializado en pacientes indigentes con tuberculosis en Rosarito, México, en 2021. Alrededor del mundo, las hermanas adaptan sus servicios para ofrecer lo que más se necesita, pero la rutina diaria establecida por la Madre permanece intacta. Se levantan a las 4:40 de la madrugada, lavan su ropa a mano, se adhieren a un estricto programa de oración, y buscan estar juntas en el convento para las comidas y la recreación nocturna. Trabajar con los más pobres de los pobres sigue siendo su misión y significado.

Me llevó años entender lo que la Madre quería decir cuando expresaba que Calcuta está en todos lados si tan solo tienes los ojos para verlo. La miseria que vi en mi viaje en 1985 se puede encontrar de muchas otras formas en países superficialmente prósperos plagados de suicidio adolescente, drogadicción, aislamiento de los ancianos y lo que el papa Juan Pablo II denominó "la cultura de muerte", que abarca el aborto y la eutanasia. La pobreza espiritual y material son dos caras de la misma moneda.

"¿Sabemos quiénes son nuestros propios pobres?", preguntó la Madre ante una reunión de obispos en Roma en 1980.

¿Conocemos nuestro barrio, los pobres de nuestra zona? Es muy fácil para nosotros hablar y hablar sobre los pobres de otros lugares. Con frecuencia tenemos a los que sufren, a los que están solos, tenemos a las personas —ancianas, indeseables, que se sienten miserables— y están cerca nuestro y ni siquiera las conocemos. Ni siquiera tenemos tiempo para sonreírles. La tuberculosis y el cáncer no son enfermedades graves. Creo que una enfermedad más grave es no ser deseado, no ser amado. El dolor que estas personas sufren es muy difícil de entender, de traspasar. Creo que toda nuestra gente alrededor del mundo está pasando por esto, en cada familia, en cada hogar. Este sufrimiento se repite en cada hombre, mujer y niño. Creo que Cristo está sufriendo la Pasión otra vez. Y es para que tú y yo ayudemos a esas personas.[96]

En nuestra última reunión, diez semanas antes de que la Madre muriese, le agradecí por presentarme a Jesús en la persona de los pobres y por enseñarme a luchar por una vida diferente. Fueron necesarios su tutoría y su labor práctica para que me diera cuenta de que los pobres también son, a menudo, personas muy poderosas. Poseen el poder de liberar compasión desde nuestro interior y transformar nuestras vidas si se lo permitimos. Protegen y preservan lo que es verdaderamente humano en cada uno de nosotros. Tienen el poder de formar comunidades de cuidado por todo el mundo, tal como aquella que se reunió durante esa tarde de octubre de 2021 en la Antigua Catedral de San Patricio en Manhattan.

Los humanos en la actualidad están cada vez más distantes unos de otros, y los rápidos avances en inteligencia tecnológica y artificial están acelerando esa deshumanización. La Madre dijo: "Los pobres son la esperanza y la salvación de la raza humana". Estas personas que están sedientas de compañía y buscan nuestro tiempo y cuidado nos proveen un camino hacia una vida significativa y con propósito. Cualquiera que se entrega por las necesidades de otro, como un esposo que cuida a su esposa con una enfermedad crónica o terminal, o una madre adoptiva que cría a un niño abusado, conoce el gozo liberador de las buenas obras hechas por amor, en especial las que nos cuestan. Las Escrituras dicen que es mejor dar que recibir, y la Madre decía que debemos "dar hasta que duela".

Aquellos que alimentan a los hambrientos, que visten a los desnudos, que visitan a los enfermos o a los presos, que reciben a los extraños o consuelan a los que están solos, saben que sus esfuerzos podrían ser tan solo un alivio temporal. Probablemente no cambiemos el mundo como lo hizo la Madre, pero podemos cambiar el mundo de aquellos que están a nuestro alrededor, comenzando por nuestra propia familia y barrio, al llevarle una sonrisa a los olvidados, esperanza a los desesperados y amor a los rechazados. El vasto océano está formado por pequeñas gotas.

Cerca del final de su vida, le preguntaron a la Madre Teresa sobre el hecho de que Calcuta no parecía haber cambiado mucho a pesar de sus esfuerzos, que por cada persona que ella ayudaba a morir en paz, aún había otras diez muriendo solas. Ella dijo que no se sentía para nada desanimada. "Dios no me llama a tener éxito. Dios me llama a ser fiel".

Para algunos, su llamado a la fidelidad es un imperativo religioso. Para otros, es un compromiso social hacia nuestros hermanos y hermanas en necesidad. Para todos nosotros, es un llamado a la acción.

RECONOCIMIENTOS

Estas páginas describen mi deuda hacia la Madre Teresa y los miembros de su familia de las Misioneras de la Caridad. No es posible nombrar a todos los individuos de este piadoso grupo de mujeres y hombres cuyas vidas ejemplares han ayudado a darle forma a la mía. Sin embargo, debo mencionar al padre Joseph Langford, a quien la Madre eligió para comenzar la orden de sacerdotes. Él me convenció de dejar mi trabajo y mi vida con los Padres MC por un año, percibió que yo no estaba llamado al sacerdocio y me dio su santa bendición en la ciudad de México el día de mi compromiso con Mary Sarah Griffith. Él y mis hermanos espirituales de Tijuana, y las Hermanas de las Misioneras de la Caridad que conocí en todo el mundo durante los últimos treinta y siete años, tienen un lugar especial en mi corazón. Este libro no podría haber sido posible sin su amistad y testimonio fiel del gozo del Evangelio.

Mi familia me ha apoyado excepcionalmente a lo largo del proyecto, comenzando con Mary, mi gloriosa esposa desde hace treinta años. Su amor, aliento, comentarios y magníficas sugerencias han sido invaluables. Nuestros hijos —Jamie (y su esposa Carolyn y sus hijos Sebastian y Patrick), Joe, Max, John y Marie— son la principal razón por la que escribí este libro. Quería que ellos conocieran a la Madre Teresa como la habían conocido sus padres. Mi propia madre, Florence; mi hermana gemela, Jeannine; mis hermanos mayores Ed, Patrice y Maureen conocieron a la Madre mientras vivía, y espero que lo que está registrado en estas páginas fortalezca su conexión con nuestra amiga en el cielo.

Sandy McMurtrie fue íntima amiga de la Madre Teresa y luego mía. Respondió por mí cuando comencé a trabajar para las MC a mediados de la década de 1980. Fue un desafío himalayo para un hombre soltero ganar la confianza de la Madre y sus hermanas. Sandy aceleró el proceso al incluirme en el círculo cerrado que rodeaba y apoyaba a la Madre durante sus estancias en los Estados Unidos y cuando estuvo hospitalizada en Calcuta. Sandy y sus hijos son una bendición para mí. A su hija más pequeña, María Guadalupe, la adoptó en un orfanato de la Madre Teresa en la Ciudad de México. El hecho de que la Madre fuese su madrina facilitó mi trabajo como padrino.

Hay otras cuatro personas que facilitaron mis primeros encuentros con la Madre: Ralph Dyer, Jan Petrie y Sunita y Naresh Kumar. Ralph falleció en 2003, pero estoy agradecido por la amistad de los demás cada día. Además, Brian Olson, John y Therese Casey, Bridget Leonard, Tim y Nancy Joyce, Teresa Cotter, Cathy y Mike Nagle, Shep Abel, Michael Timmis y Arturo Mercado se han vuelto algunos de mis mejores amigos a través de nuestra mutua admiración y trabajo con la Madre.

La idea de escribir este libro surgió de una conversación hace más de veinte años con la sucesora de la Madre en el cargo de Superiora General de las MC, la hermana Nirmala. Ella me dio su bendición para este proyecto y me animó hasta que falleció en el 2015. Las exigencias de criar cinco hijos y las muchas responsabilidades profesionales me impidieron durante muchos años realizar la necesaria investigación y escribir. Finalmente, en el 2020, terminó mi período como presidente de la Universidad Ave María y comenzó la pandemia de COVID. ¡Nada como los encierros para tener libertad para escribir!

No se puede redactar ninguna biografía de la Madre Teresa sin acudir a tres fuentes literarias de gran confianza: *Such a Vision of the Street* [Una visión peculiar de la calle] de Eileen Egan, *Something Beautiful for God* [Algo hermoso para Dios] de Malcolm Muggeridge, y *Come Be My Light* [Ven y sé mi luz] de Brian Kolodiejchuk, MC. Estos son los puntos de partida para cualquiera que piense en la vida de la Madre. También tuve el beneficio de contar con los cientos de páginas de notas que tomé a lo largo de los años en mis muchas interacciones con ella y con las personas cercanas a ella. El hábito de tomar notas que cultivé toda mi vida me permitió registrar de forma contemporánea las palabras y eventos que se relatan en esta obra.

Un autor primerizo necesita una abundante guía para escribir un libro y, durante la redacción del manuscrito original, mi amiga Bonnie Woodbury de Tallahassee, una profesora de inglés, fue invaluable. Dedicó incalculables horas de atención a los capítulos que escribí. Su revisión crítica, su cuidadosa edición y su calmada confianza me ayudaron a llevar el documento al punto de poder considerarlo listo para ofrecerlo a una editorial. Otras personas también me otorgaron comentarios y sugerencias en la etapa inicial del proyecto: Kathy Mezzalingua, la hermana Nirmala María, Kevin Tobin, Terry Boulos, Arthur Brooks, Dave Lawrence y la hermana Ozana. Siempre estuvieron para mí cuando los necesité, llenos de sabiduría y aliento. Estoy agradecido. El padre Brian Kolodiejchuk fue otro miembro de este grupo y merece una mención especial por haber también leído el manuscrito terminado para cotejar mis recuerdos con su conocimiento. No podría haber tenido un mejor amigo y mejor ayuda al escribir acerca de la Madre.

Considerando el hecho de que no tengo un agente literario, es un pequeño milagro que este libro haya encontrado una editorial y, mayor aún, una con estándar de excelencia. Hubo dos personas responsables de esta maravillosa gracia: la Madre Teresa y Priscilla Painton, vicepresidenta y directora editorial de literatura no ficcional de Simon & Schuster. Allá en el 2010, cuando Priscilla era una editora relativamente nueva en la editorial, gentilmente se reunió conmigo como cortesía hacia uno de sus autores (mi amigo Karl Rove) y hablamos sobre cómo debería ser un libro sobre la Madre. Diez años pasaron hasta que pude seguir su consejo. Entonces le envié un correo electrónico con un "Ave María". No solo me recordó, sino que amablemente me pidió una propuesta y una muestra del libro que había escrito.

Priscilla luego envió mi propuesta a su colega Robert Messenger, un caballero y maestro del arte de escribir y narrar. Señaló que el vigésimo quinto aniversario de la muerte de la Madre en septiembre de 2022 presentaba una maravillosa oportunidad para su publicación, tanto como un plazo apretado. Para acelerar el proceso de reescritura, me sugirió que contactara a su antigua colega, Emily MacLean, y que le preguntara si estaría dispuesta a ayudarme a reorganizar mi material y a simplificar el contenido. Con dos hijos de uno y tres años en su casa, y docenas de cajas sin desempacar que esperaban captar su atención debido a una reciente mudanza, Emily tenía abundantes motivos para rehusarse, pero no lo hizo. Durante los meses siguientes me ayudó a contar mi historia con mis propias palabras de una manera en que yo solo no podría haberlo hecho. A medida que el libro iba tomando su forma final, ella y Robert me desafiaron a optimizar la experiencia del lector. Sacaron lo mejor de mí y lo hicieron con una facilidad encantadora. Son los dos mejores profesionales y personas que podrás conocer. Mi experiencia con Bonnie, Robert y Emily despertó el poder transformador que ejercitan los grandes editores. Cada vez que abra este libro, recordaré con gratitud lo que hicieron.

No podría haber llevado adelante este trabajo literario sin el completo apoyo de la junta directiva de "Envejecer con dignidad", la organización sin fines de lucro para la que trabajo. Guy Smith (presidente y mentor), Zim Boulos (vicepresidente y mejor amigo), Bobby Brochin (un magnífico abogado de Miami y aún mejor ser humano) y Patricia Russell (una encantadora y leal defensora de los ancianos y personas que están muriendo) merecen una mención individual. Estuvieron a mi lado en 1996 cuando fundé esta organización y han tenido un papel incalculable para que se convirtiera en una voz destacada en el apoyo de la dignidad humana dada por Dios y el cuidado humano en el final de la vida. Un agradecimiento especial, también, al dedicado personal de nuestras oficinas de Tallahassee y Washington, que han sido una inmensa ayuda a lo largo de casi tres años de escritura.

Mi amigo Dan D'Aniello me regaló el beneficio de su sabiduría durante la última década y en cada paso apoyó mis esfuerzos profesionales al igual que este libro. Es un humilde hombre de Dios que ayuda de forma fiel y privada a muchas a personas a cumplir sus sueños y a vivir su vocación cristiana. Este libro no habría sido posible sin él. Su vida como católico laico, esposo y padre amoroso, siervo del país que ama y líder del mundo de negocios, me inspira a mí y a todos lo que tenemos el privilegio de conocerlo.

Tricia Flatley es una maravillosa amiga y colaboradora que durante muchos años me impulsó a escribir este libro. Sus padres eran amigos y benefactores de la Madre Teresa cuando ella abrió dos hogares en su nativo estado de Massachusetts. En la inauguración del hogar de las MC en New Bedford en 1995, Tricia conoció a la Madre por primera vez y le contó sobre la desgracia de que no tenía hijos. "Dios no quiere que no tengas hijos", le aseguró la Madre, luego le dio a Tricia una Medalla Milagrosa y le dio instrucciones para que pidiera la intercesión de Nuestra Señora. Dieciocho meses (y un aborto) después, Tricia dio a luz a dos mellizas que son el gozo de su vida. Tricia y sus hijas siguen adelante con la filantropía compasiva de sus padres: de forma humilde, silenciosa y efectiva.

Mi amigo Michael Collopy, quizá el mejor fotógrafo de retratos de su generación, generosamente me cedió el uso de la imagen que adorna la cubierta de este libro, como así también la de la misa de canonización de la Madre en la Plaza San Pedro. La Madre Teresa odiaba que le sacaran fotos, sin embargo, Michael se las ingenió para capturar la increíble belleza de la vida de su querida amiga en el libro *Works of Love are Works of Peace: Mother Teresa of Calcutta and the Missionaries of Charity* [Las obras de amor son obras de paz: la Madre Teresa de Calcuta y las Misioneras de la Caridad]. Él inspira asombro. También estoy agradecido a los demás cuyas fotos se muestran en este libro con su permiso, en particular, Prasad de Prasad Photography en Newport Beach, California, otro fotógrafo excepcional.

Hacer que el libro llegue a la meta requirió un gran trabajo de los correctores de estilo de Simon & Schuster. Mi hijo John me ayudó con la corrección y la revisión de las notas al pie. Muchas gracias a todos ellos.

Finalmente, quiero agradecer a los pobres, a los discapacitados, a los enfermos mentales, a los ancianos abandonados y necesitados que me han revelado su enorme dignidad y mi necesidad de una relación con ellos. La Madre Teresa fue un puente para mí hacia estas almas a menudo descuidadas. Si este libro mueve el corazón de los lectores para acercarse a ellos con amor y compasión, entonces habrá cumplido su propósito.

CITAS Y REFERENCIAS

Bibliografías de la Madre Teresa de Calcuta consultadas por el autor:

Doig, Desmond. *Madre Teresa de Calcuta: Su gente y su obra.* Santander: Sal Terrae, 1994.

Egan, Eileen. *Such a Vision of the Street* [Una visión peculiar de la calle]. Nueva York: Doubleday, 1985.

Kolodiejchuk, Brian. *Mother Teresa: Come Be My Light* [Madre Teresa: Ven y sé mi luz]. Nueva York: Double Day, 2007.

Langford, Joseph. *El fuego secreto de la Madre Teresa: La experiencia que cambió la vida de la Madre Teresa y que pueda cambiar la tuya.* México, D.F.: Editorial Planeta Mexicana, 2010.

Le Joly S. J., Edward. *Mother Teresa: A Woman in Love* [La Madre Teresa: Una mujer enamorada]. Notre Dame: Ave María, 1993.

Muggeridge, Malcolm .*Something Beautiful for God* [Algo hermoso para Dios]. Nueva York: Harper Collins, 1971.

Spink, Kathryn. *Madre Teresa: Una biografía autorizada.* Barcelona: Plaza & Janés, 1999.

Walters, Kerry. *St. Teresa of Calcutta: Missionary, Mother, Mystic* [Santa Teresa de Calcuta: Misionera, madre, mística], (Cincinnati: Franciscan Media, 2016).

Introducción: La Madre que yo conocí

1 Susan Caba, *Requiem For A Saint: Funeral For Simple, Pure Mother Teresa Presents A Host Of Complexities* [«Requiem para una santa: el funeral para la simple y pura Madre Teresa presenta un sinfin de complejidades»], *Spokesman-Review*, 11 de septiembre de 1997, https://www.spokesman.com/stories/1997/sep/11/requiem-for-a-saint-funeral-for-simple-pure/.

2 Mateo 25:31-46 (DHH).

Capítulo 1: Calcuta

3 Oficina de Registro General y Comisionado de Censo, India. *A-2 Decadal Variation In Population Since 1901: West Bengal* [«A-2 Variación de población de la década desde 1901: Bengala occidental»], censusindia.gov.in/2011census/PCA/A2_Data_Table.html.

4 Blaise Pascal, *Oeuvres Completes* [Obras completas]. Paris: Seuil, 1963. p. 602.

5 Bob Dylan, *When You Gonna Wake Up?* [«¿Cuándo vas a despertar?»]. Slow Train Coming © Columbia Records.

6 Brian Kolodiejchuk. *Mother Teresa: Come Be My Light* [Madre Teresa: Ven y sé mi luz]. Nueva York: DoubleDay, 2007. pp. 15-17.

7 Kolodiejchuk. Ob.cit. pp. 18-19

Capítulo 2: Conocer a la Madre

8 Malcolm Muggeridge. *Something Beautiful for God* [Algo hermoso para Dios]. Nueva York: HarperCollins, 1971. p. 119.

Capítulo 3: Elegir siempre lo más difícil

9 Referencia a Juan 19:28 (DHH).

10 Referencia a Lucas 1:38 (LBLA).

11 Kolodiejchuk. Ob.cit. p. 102.

12 Ibid., p. 106.

13 Madre Teresa de Calcuta citada por Kolodiejchuk. Ob. cit. pp. 133-134.

14 Hechos 10:38 (DHH)

Capítulo 4: Pobreza espiritual

[15] Desmond Doig.*Madre Teresa de Calcuta: Su gente y su obra*. Santander: Sal Terrae, 1994. p. 159.

[16] De la Constitución de las Misioneras de la Caridad.

[17] Doig. Ob. cit. p. 72.

[18] Eileen Egan, *Such a Vision of the Street* [Una visión peculiar de la calle]. Nueva York: Doubleday, 1985. p. 49.

[19] Kolodiejchuk, pp. 175-176.

[20] Edward Le Joly S. J., *Mother Teresa: A Woman in Love* [La Madre Teresa: Una mujer enamorada].Notre Dame: Ave María, 1993. p. 56.

[21] Mary Farrow. *The happiest day of Mother Teresa's life* [El día más feliz en la vida de la Madre Teresa]. *Catholic News Agency,* 22 de diciembre de 2016, www.catholicnewsagency.com/amp/news/34441/the-happiest-day-of-mother-teresas-life (acceso el 3 de enero de 2022).

[22] Mother Teresa.Nobel Acceptance Speech [Discurso de aceptación del Premio Nobel].Oslo, Noruega, 10 de diciembre de 1979(acceso el 3 de enero de 2022). http://www.nobelprize.org/prizes/peace/1979/teresa/acceptamce-speech/

[23] Ob. cit. Doig, p. 159.

[24] Madre Teresa de Calcuta. Ob. cit.

Capítulo 5: Una emprendedora nata

[25] Joseph Langford.*El fuego secreto de la Madre Teresa: La experiencia que cambió la vida de la Madre Teresa y que pueda cambiar la tuya.* México, D.F.: Editorial Planeta Mexicana, 2010. p. 38.

Capítulo 6: El llamado

[26] Kolodiejchuk. Ob. cit. p. 212.

[27] En Lucas 1:39.

[28] Kolodiejchuk. Ob. cit. p. 173.

[29] Egan. p. 153.

[30] Madre Teresa. Carta general a las Misioneras de la Caridad, 23 de julio de 1989.

Capítulo 7: La Madre de los marginados

[31] Mateo 11:28.

Capítulo 8: Un corazón humano

32 Papa Francisco. *Gaudete et Exsultate.Apostolic Exhortation on the Call to Holiness in Today's World*. [*Exhortación apostólica sobre el llamado a la santidad en el mundo actual*], sec. 34, (acceso el 3 de enero de 2022) https://www.vatican.va/content/francesco/en/apost_exhortations/documents/papa-francesco_esortazione-ap_20180319_gaudete-et-exsultate.html.

33 Madre Teresa. Speech at National Prayer Breakfast [Discurso en el Desayuno Nacional de Oración].Washington, D. C., 5 de febrero de 1994. *Catholic News Agency*, (acceso el 3 de enero de 2022) https://www.catholicnewsagency.com/resource/55399/blessed-mother-teresa-on-abortion.

34 Kolodiejchuk. Ob. cit. 223.

35 Kathryn Spink. *Madre Teresa: Una biografía autorizada.*Barcelona: Plaza & Janés, 1999. p. 112.

36 Kolodiejchuk. Ob. cit. p. 196.

37 CBS News. Pope Francis sets day to make Mother Teresa a saint [«El Papa Francisco establece la fecha para hacer santa a la Madre Teresa»]. 15 de marzo de 2016 (acceso el 4 de enero de 2022) https://www.cbsnews.com/news/pope-francis-canonization-mother-teresa-september-4/.

Capítulo 9: Una cristiana llena de gozo

38 Romanos 12:15-16 (DHH).

39 Egan. Ob.cit. p. 174.

Capítulo 10: En el palacio

40 Kolodiejchuk, p. 278.

41 George Weigel. *Witness to Hope: The Biography of Pope John Paul II* [Testigo de la esperanza: La biografía del Papa Juan Pablo II]. Nueva York: HarperCollins, 1999. p. 818.

42 Ib. p. 18.

43 Alfred, Lord Tennyson, *Idylls of the King* [Idilios del rey]. Londres: Penguin, 2004.

44 Hilary De Vries.*Penelope Cruz: Will She Say I Do, or I Don't* [«Penélope Cruz: Ella dirá yo sí o yo no»]. *Marie Claire*, 9 de junio de

2009, (acceso el 4 de junio de 2022), https://www.marieclaire.com/celebrity/a156/penelope-cruz/.

45 Egan. Ob. cit. p. 357.

46 Madre Teresa al Presidente Jimmy Carter, 17 de noviembre de 1979, en *Forest Park Review,* (acceso el 4 de enero de 2022), https://www.forestparkreview.com/2006/01/17/mother-teresas-letter-to-president-carter/.

47 Egan. Ob. Cit. p. 392.

48 Jessica Rach. *Paul Burrell shares unseen letter Princess Diana wrote after visiting Mother Teresa's Calcutta convent in 1992 revealing she had "found the direction" she'd been "searching for all these years"* [Paul Burrel comparte una carta inédita que la Princesa Diana escribió luego de visitar el convento de la Madre Teresa de Calcuta en 1992, revelando que había "encontrado la dirección" que "había estado buscando todos esos años"»]. *Daily Mail,* 11 de mayo de 2020 (acceso el 4 de enero de 2022), https://www.dailymail.co.uk/femail/article-8306801/Paul-Burrell-shares-unseen-note-Princess-Diana-wrote-him.html.

49 Kate Watson-Smyth. *A Bronx tale: Hugs and kisses for Diana and Mother Teresa* [Una leyenda del Bronx: Abrazos y besos para Diana y la Madre Teresa]. *Independent,* 18 de junio de 1997 (acceso el 4 de enero de 2022), https://www.independent.co.uk/news/a-bronx-tale-hugs-and-kisses-for-diana-and-mother-teresa-1256668.html.

50 Jennifer Calfas. *See the 5 Dresses that Helped Princess Diana Raise Millions for Charity Before She Died.* [Estos son los cinco vestidos que ayudaron a la Princesa Diana a recaudar millones para caridad antes de morir]. *Money,* 31 de agosto de 2017, (acceso 4 de enero de 2022), https://money.com/princess-diana-dresses-charity-death/.

51 Associated Press. *Nun and Princess Bound by Altruism.* [La monja y la princesa unidas por el altruismo]. *Seattle Times,* 6 de septiembre de 1997 (acceso el 4 de enero de 2022), https://archive.seattletimes.com/archive/?date=19970906&slug=2558750.

52 Rebecca Flood. *Princess Diana found her "calling" following spiritual meeting with Mother Teresa.* [La Princesa Diana encontró su "llamado" después de un encuentro espiritual con la Madre Teresa]. *Express,* 21 de agosto de 2017, (acceso el 4 de enero de 2022), https://www.

express.co.uk/news/world/844100/Princess-Diana-mother-Teresa-spiritual-calling-meeting-Paul-Burrell.

Capítulo 11: Respuesta a los críticos

[53] Germaine Greer citada por Spink. Ob. cit. p. 253.

[54] Matt Cherry entrevista a Christopher Hitchens. *Hitchens on Mother Teresa* [«Hitchens acerca de la Madre Teresa»]. *Free Inquiry*, otoño de 1996. s.p.

[55] Referencia a Juan 8:1-11.

[56] Matt Cherry entrevista a Hitchens. Ob. cit. s.p.

[57] Spink. Ob. cit. p. 247.

[58] Matt Cherry entrevista a Hitchens. Ob. cit. s.p.

[59] Christopher Hitchens, *The Devil and Mother Teresa* [El diablo y la Madre Teresa]. *Vanity Fair*, octubre de 2001.

[60] Bruno Maddox. *Books in Brief: Nonfiction* [«Libros resumidos: No ficción»]. *New York Times*, 14 de enero de 1996, (acceso el 4 de enero de 2022), https://www.nytimes.com/1996/01/14/books/books-in-brief-nonfiction-068195.html.

[61] Christopher Hitchens. Mother Teresa (Agnes Bojaxhiu) [La Madre Teresa (Agnes Bojaxhiu)] en *The Quotable Hitchens: from Alcohol to Zionism* [El Hitchens citable: del alcohol al sionismo»]. Ed. Windsor Mann. Cambridge: Da Capo, 2011. p. 194.

[62] Madre Teresa in *The Joy in Loving: A Guide to Daily Living* [El gozo de amar: Una guía para el diario vivir], ed. Jaya Chalika y Edward Le Joly (Nueva York: Penguin, 1996), p. 158.

[63] Madre Teresa en *A Simple Path* [Un camino simple], ed. Lucinda Vardey (Nueva York: Ballantine, 1995), p. 31.

[64] Hitchens, «The Devil and Mother Teresa». S.p.

[65] Michelle Goldberg.*Was Mother Teresa a Cult Leader?* [¿La Madre Teresa era líder de una secta?]. *New York Times*, 21 de mayo de 2021 (acceso el 4 de enero de 2022). https://www.nytimes.com/2021/05/21/opinion/mother-teresa.html.

Capítulo 12: En la oscuridad como en la luz

[66] Lucas 9:23 (LBLA).

[67] Kolodiejchuk. Ob.cit., p. 149.

[68] Ibid., p. 186-187.

[69] Ibid., p. 193.

[70] Id.

[71] Ibid., p. 169.

[72] Ibid., p. 238.

[73] Colosenses 1:24 (LBLA).

[74] Marcos 15:33-34 (DHH).

[75] Kolodiejchuk. Ob.cit.p. 193.

[76] Ibid., p. 214.

[77] Ibid., p. 326.

[78] Ibid., p. 232.

[79] Ibid. p. 185

[80] Ibid., p. 212.

[81] 1 Corintios 2:10 (DHH).

[82] Kolodiejchuk. Ibid., p. 187.

[83] Langford. Ob.citp. 31.

[84] Madre Teresa. Carta general a las Misioneras de la Caridad, Navidad de 1996.

[85] Kolodiejchuk. Ibid. p. 20.

Capítulo 13: Decir adiós

[86] Madre Teresa. Carta abierta al pueblo de Florida, 7 de agosto de 1996.

[87] Associated Press. *Cheerful Mother Teresa remains in critical condition* [La alegre Madre Teresa sigue en condiciones críticas]. *Tampa Bay Times*, 2 de diciembre de 1996.

[88] AFP. *Mother Teresa "wasn't possessed by devils* [La Madre Teresa no estaba poseída por demonios]. 9 de septiembre de 2001 (acceso el 4 de enero de 2022), https://www.iol.co.za/news/world/mother-teresa-wasnt-possessed-by-devils-71918.

Capítulo 14: Viaje al hogar

[89] Benedicto XVI. *Spe Salvi* [Salvados en esperanza]. *Encyclical to the Bishops, Priests, and Deacons, Men and Women Religious, and all the Lay Faithful on Christian Hope.* [Encíclica a los Obispos, Sacerdotes y Diáconos, hombres y mujeres religiosos, y a todos los laicos fieles a la

esperanza cristiana], 30 de noviembre de 2007, sec. 10, (acceso el 4 de enero de 2022). https://www.vatican.va/content/benedict-xvi/en/ encyclicals/documents/hf_ben-xvi_enc_20071130_spe-salvi.html.

90 Henry Francis Lyte. *Abide with me: fast falls the eventide.* [«Quédate conmigo»]. 1847, Hymnary.org (acceso el 4 de enero de 2022), https://hymnary.org/text/abide_with_me_fast_falls_the_eventide.

91 Mateo 25:34-40 (DHH).

Capítulo 15: Santa Teresa de Calcuta

92 David Van Biema. *Mother Teresa: The Life and Works of a Modern Saint* [Madre Teresa: Vida y obra de una santa moderna]. *TIME*, Versión actualizada de la edición especial, 2016, p. 81.

93 1 Corintios 11:1 (DHH).

94 Mateo 26:11 (DHH).

95 Lucas 17:7-10.

96 Marcos 9:24 (DHH).

Epílogo

97 Kolodiejchuk. Ob. cit. p. 296.

SOBRE EL AUTOR

Jim Tower fue asesor personal y amigo de confianza de la Madre Teresa de Calcuta por doce años, tanto así que fue quien hizo la lectura inaugural de su Misa de Canonización en la Plaza San Pedro. Durante la presidencia de George W. Bush, dirigió la Oficina de Asuntos Religiosos e Iniciativas Comunitarias de la Casa Blanca, fue director de dos universidades católicas y de una agencia de servicios sociales en Florida. También formó parte del personal del Senado de los Estados Unidos.

En 1996, incentivado por la Madre Teresa, fundó la organización sin fines de lucro Aging with Dignity (Envejeciendo con dignidad) y creo la guía de cuidado personal Five Wishes, que ha vendido más de cuarenta millones de copias y es usada en los cincuenta estados del país. Towey conoció a su esposa, Mary, en el hogar para pacientes de VIH y Sida que la Madre Teresa tenía en Washington D. C. Todavía ofrece sus servicios legales, a las Misioneras de La Caridad, sin costo alguno.

*Veo a alguien muriendo y lo levanto. Veo a
alguien con hambre y lo alimento. Puede amar
y ser amado. No me importa su color, su religión,
no me importa nada. Cada persona —ya sea
hindú, musulmán o budista— es mi hermano,
es mi hermana.*

MADRE TERESA DE CALCUTA